Gerd Engel

Materialien und Kopiervorlagen
zur Klassenlektüre

Ursel Scheffler

Das Tintenmonster im Zirkus

Hase und Igel®

Inhalt

Sonderausgabe zur Lektüre mit Silbenhilfe

www.hase-und-igel.de
Lektorat: Monika Burger, Juliane Müller
Satz: Margit Kratzl
Illustrationen: Erhard Dietl, Christoph Schöne

ISBN 978-3-86760-573-1

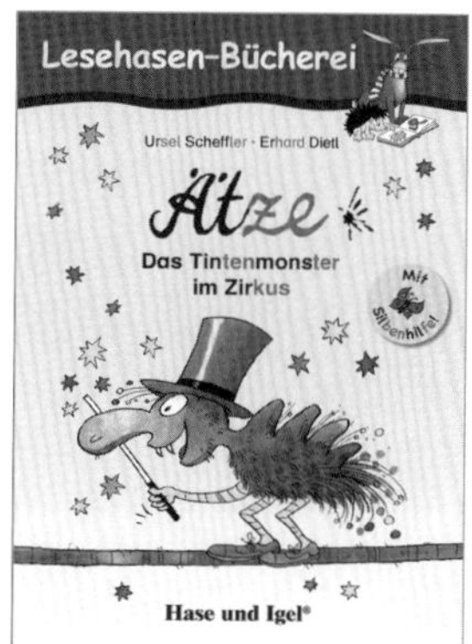

Das Buch

Ätze aus der Familie der blaublütigen, kotzekligen Tintenmonster hält sich für das größte und schrecklichste Monster auf der ganzen Welt. Alle sollen sich vor ihm fürchten und deshalb ist seine Lieblingsbeschäftigung auch Leute erschrecken. Da er damit gerade nicht besonders erfolgreich ist, macht Ätze sich verärgert auf den Weg zum Zirkus, wo er hofft, mehr Anerkennung für seine Monstershow zu bekommen. Zunächst aber braucht er eine große Portion Tinte. Auf der Suche nach seinem Lieblingsgetränk landet Ätze im Wagen der Zirkusschule. Dort trifft er das Mädchen Toni, die höllisch gut nach Pferdemist duftet. Das ist ganz nach Ätzes Geschmack! Gestärkt und ausgeruht wagt er anschließend einen Ausflug in die Manege, wo er den Zauberer Makrocosimus Hipponosius in Angst und Schrecken versetzt. Geschmeichelt von dem Applaus, der eigentlich dem Clown Antonio gilt, beschließt Ätze, seiner bestgehassten Freundin, der Spinne Igitte, eine Postkarte zu schreiben und ihr von seinem Auftritt zu erzählen. Toni entdeckt ihn dabei und freut sich, dass Ätze dem eingebildeten Zauberer einen Streich gespielt hat. Spontan beschließt Ätze, den Zauberer weiter zu ärgern und Toni vor ihm zu beschützen. Er hält Wort: Von nun an hat Makrocosimus Hipponosius keine ruhige Minute mehr.

Wenig später trifft Igitte auf dem Zirkusgelände ein und es dauert nicht lange, bis sie und Ätze sich in die Haare geraten. Toni hat bald genug von den beiden Streithähnen. Im Wohnwagen des Zauberers entdeckt Ätze ein Glas mit der Aufschrift „Geheimtinte". Entzückt nimmt er darin ein Vollbad – und ist bald darauf verschwunden, denn die Tinte macht unsichtbar. So belauscht er ungesehen ein Gespräch zwischen dem Zauberer und dem Zirkusdirektor.

Mit Tonis Hilfe, die Zitronensaft besorgt hat, wird Ätze schließlich wieder sichtbar. Er berichtet ihr sofort von den bösen Plänen des Zauberers: Tonis neue Nummer mit dem Clown Antonio soll doch nicht ins Programm aufgenommen werden! Toni ist darüber sehr traurig. Da Ätze dem Zauberer nun jede Show vermasselt, ist dieser nach einer Woche mit seinen Nerven am Ende und reist zu einer Kur ab. So erfüllt sich Tonis größter Traum am Ende doch noch …

Liebenswürdig-eklig zieht Ätze in dieser fantasievollen Geschichte selbst Lesemuffel in seinen Bann. Denn genau wie Ätze sind Kinder vom Zirkus fasziniert und lassen sich nur zu gern in diese Welt entführen. Die Handlung ist streng chronologisch aufgebaut und die einfache, klare Sprache erleichtert das Textverständnis. Eine zusätzliche Lesehilfe stellt für viele Kinder die farbige Hervorhebung der einzelnen Silben dar. So werden insbesondere unbekannte Wörter auf Anhieb in der korrekten Silbierung gelesen und der Sinn des Textes erschließt sich einfacher und schneller. Auch die zahlreichen Bilder und der lesefreundliche Textsatz unterstützen die Sinnentnahme und machen das Buch zu einer idealen Lektüre für die zweite und dritte Klasse.

Das Material

Das vorliegende Unterrichtsmaterial gliedert sich in einen Lehrerteil mit didaktischen Anmerkungen (bis Seite 21) und daran anschließende Kopiervorlagen. Die Lektüre wurde nach inhaltlichen Kriterien in fünf Abschnitte eingeteilt, zu denen im didaktischen Teil jeweils eine kurze Zusammenfassung des Inhalts, Gesprächsanlässe, Hinweise und Lösungen zu den Kopiervorlagen sowie weiterführende Ideen für die Unterrichtsgestaltung zu finden sind. Ergänzend dazu gibt ein weiterer Abschnitt Hinweise zu einer Reihe von Kopiervorlagen, die aufgrund ihrer offenen thematischen Gestaltung die Bearbeitung der Lektüre in jeder beliebigen Phase ergänzen können.

Die Kopiervorlagen vertiefen inhaltliche und sprachliche Aspekte des Buches. Die Aufgaben ermöglichen es den Kindern, ihr Leseverständnis zu überprüfen, kreativ mit Sprache umzugehen und so ihren Wortschatz zu erweitern, aber auch erste Einsichten in die Regelhaftigkeit von Sprache zu erhalten. Die produktive Auseinandersetzung mit der Lektüre wird darüber hinaus durch vielfältige Angebote zum Basteln, Rätseln und – passend zum Thema Zirkus – Zaubern ergänzt und durch das Sprachspiel „Ätzes Satzweltmeisterschaft" abgerundet.

Viele Kopiervorlagen können von den Kindern weitestgehend selbstständig bearbeitet werden und eignen sich daher auch sehr gut zum Einsatz im Rahmen der Wochenplan- oder Freiarbeit.

Jede Kopiervorlage ist oben mit einer Symbolleiste versehen, die auf einen Blick deutlich macht, welche Schüleraktivitäten hier angesprochen werden:

Vor der Lektüre

Einen ganzheitlichen Zugang zur Lektüre erreichen Sie, indem Sie das Klassenzimmer „verzaubern“ und die Kinder in die Welt des Zirkus eintauchen lassen: Als Zirkuszelt gespannte bunte Tücher, selbst gestaltete Zirkusplakate, große auf Tapeten gemalte Zirkuswagen und Tiere sowie mit bunten Kissen gemütlich gestaltete Ecken sprechen die Kinder an, aktivieren ihr Vorwissen und machen Lust auf die Lektüre.

Ein direkter Einstieg kann mit Überlegungen zur Figur Ätze erfolgen. Wer verbirgt sich hinter der Bezeichnung „Ätze, das Tintenmonster“ – ein Monster aus Tinte vielleicht? Wenn Sie über die CD „Ätze, das Zirkusmonster“ verfügen, kann das Lied „Ich bin Ätze“ eine erste Antwort auf diese Frage geben. Alternativ können Sie das Monster auch mithilfe einer gebastelten Ätze-Figur (KV Seite 23) vorstellen. Ätze ist natürlich tief beleidigt, wenn ihn niemand kennt („Sagt bloß, ihr kennt mich nicht! Na, wartet! Ihr sollt mich kennenlernen!“).

Falls einige Kinder das kotzeklige kleine Monster bereits kennen, können die übrigen Schüler dazu Fragen stellen, die nur mit „ja“ oder „nein“ beantwortet werden dürfen. So finden sie bereits einiges über Ätze heraus.

Unabhängig davon, wie aufwendig Sie den Einstieg gestalten, ist es wichtig, dass die Kinder eine Erwartungshaltung aufbauen und die Lektüre mit etwas Vorwissen beginnen. So begegnen sie auf den ersten Seiten schnell etwas Bekanntem und lassen sich vom Text fesseln.

Den Beginn regelmäßiger Lesezeiten kann eine ruhige Erkennungsmelodie aus dem Zirkusbereich ankündigen (z. B. Musik vom Cirque du Soleil oder das bekannte Lied „Oh, mein Papa“ von Paul Burkhard / Jürg Amstein / Robert Gilbert) und so den Schülern signalisieren, sich leise einen Platz zum Lesen zu suchen. Ein flotter Zirkusmarsch beendet die Lesezeit und ruft die Kinder zur Besprechung in den Kreis.

Während des Lesens bietet eine Lerntheke mit Aufgaben zur Lesekontrolle und zusätzlichen Übungen den Kindern die Möglichkeit, ihr Textverständnis zu überprüfen bzw. sich über das reine Lesen hinaus mit dem Buch zu beschäftigen – je nach Lesetempo und Interesse. Ergänzend können Sie Sachbücher zum Thema Zirkus (z. B. „Im Zirkus“, erschienen im Hase und Igel Verlag) oder weitere Ätze-Bücher auslegen.

Ätze, das Tintenmonster
(Seite 7–15)

Inhalt

Zunächst wird Ätze, das kleine Monster aus der Familie der blaublütigen, kotzekligen Tintenmonster, vorgestellt. Dann beginnt die eigentliche Handlung: Ätze befindet sich gerade in Gesellschaft von gewöhnlichem Ungeziefer. Aber das ist nicht das richtige Publikum für ihn: Sosehr er auch mit den Augen rollt und die Zähne fletscht, keiner fürchtet sich vor ihm. Außerdem braucht Ätze ein paar Schlückchen Tinte, sein Hauptnahrungsmittel. Also begibt er sich auf Tintenjagd. Auf einer nahe gelegenen Zirkuswiese folgt er zwei Zirkuskindern zu ihrem Schulwagen. Eines der beiden Kinder, das Mädchen Toni, kennt er bereits. Bei ihr findet er eine leckere Tintenpatrone und auch der Geruch nach Pferdemist, der von Toni ausgeht, ist ganz nach Ätzes Geschmack.

Gesprächsanlässe

- Wie stellst du dir ein Monster vor? Wie sieht es aus, welche Eigenschaften hat es? (Seite 8)
- Woran erkennst du, dass Ätze ein Fantasiewesen ist? (Seite 8)
- Wie fühlt sich Ätze zu Beginn der Geschichte und warum ist das so? (Seite 9 – 11)
- Erzähle, was du über das Leben von Zirkuskindern weißt. (Seite 12)

Zur Geschichte des Zirkus
Bereits Mitte des 18. Jahrhunderts begann sich in England der klassische Zirkus zu entwickeln. Kunstreitgesellschaften führten in bretterumzäunten Manegen unter freiem Himmel Akrobatik auf dem Rücken der Pferde vor. Später wurde der Zuschauerraum überdacht und die Reitergruppe um Artisten und Clowns erweitert. Nach und nach kamen weitere Künste hin-

zu. Philip Astley (1742–1814), der Vater des klassischen Zirkus, wollte so eine für jeden verständliche Form des Theaters schaffen, das mit wenigen Worten auskam. Gegen die Bezeichnung „Zirkus" wehrte er sich Zeit seines Lebens. Sie setzte sich erst zu Beginn des 19. Jahrhunderts vor allem in Frankreich durch und bezog sich fortan nicht mehr nur auf die Form des Gebäudes, sondern auf den Inhalt der Darbietungen: Einem Dekret Napoleons zufolge durften Kuriositäten und Raritäten nicht mehr als Theater bezeichnet werden. Aufwendige pantomimische Darstellungen bestimmten von nun an das Programm. Kennzeichnend für diese Aufführungen waren kostbare Kostüme, prächtig gestaltete Bühnenbilder und mehrere Hundert Statisten. 1831 waren erstmals dressierte Löwen zu sehen, was den Weg zu weiteren Tierdressuren ebnete.

Neue Impulse für die Zirkuskunst kamen Ende des 19. Jahrhunderts aus Deutschland. Neben traditionellen Pferdedressuren waren nun Wasserspiele, Eiskunstlauf, Ballett und Sängerinnen zu sehen, auch erhielt die Artistik einen höheren Stellenwert und es wurde vermehrt Technik eingesetzt, wie z. B. Wasserfälle, Fontänen und Aufzüge. Die Themenpalette der Pantomimen umfasste Heldensagen, Märchen, Historien, Opern und Tragödien, aber auch aktuelle Ereignisse wurden dargestellt.

In der „goldenen Zeit" des Zirkus am Anfang des 20. Jahrhunderts etablierte sich die Form des Wanderzirkus. Als Folge des Reisens verlor die Ausstattung der Pantomimen an Bedeutung und es bildete sich das Nummernprogramm heraus.

Mitte der 1970er Jahre entwickelte der Zirkus *Roncalli* die Idee eines Gesamtkunstwerks, bei dem der Zirkus nicht erst mit dem Programm, sondern bereits mit dem Eintritt in das Zirkuszelt begann. Es entstanden Stücke mit durchgehender Handlung, in die artistische Darbietungen eingebaut wurden.

Heute reisen rund 200 Zirkusse unterschiedlicher Größe durch ganz Deutschland.

Hinweise zu den Kopiervorlagen

KV Seite 22

Das ist Ätze

Bereits im Vorspann finden die Kinder viele Informationen zu Ätze. Den Steckbrief können sie in Partnerarbeit ausfüllen: Ein Kind liest den Text Satz für Satz vor und das andere Kind trägt die Informationen stichwortartig ein. Falls Ihnen das Lied zur Verfügung steht, können die Schüler weitere Details hinzufügen. Der Steckbrief sollte die Textarbeit während der gesamten Lektüre begleiten und kontinuierlich ergänzt werden. Einige Stellen im Steckbrief können die Kinder beliebig selbst füllen. So erfährt man z. B. nicht explizit, ob Ätze wirklich Freunde hat und was sein Lieblingsgeruch ist. In den Rahmen rechts oben können die Schüler ein Bild von Ätze malen.

Mögliche Lösung

So sieht Ätze aus:	grauer, behaarter Körper mit Zackenrücken; drei flinke gelbe Beine; große, dicke Schnüffelnase; zwei spitze Eckzähne; grüne Glupschaugen; lange Zunge
Größe:	passt in eine Streichholzschachtel
So sieht sich Ätze selbst:	hässlich, eklig, schrecklich, grässlich, furchterregend
So ist Ätze:	eingebildet, hochnäsig, beleidigend, aber auch hilfsbereit
Das macht Ätze besonders gern:	andere Leute ärgern und erschrecken
Das trinkt Ätze besonders gern:	Tinte
Ätzes Lieblingsgeruch:	Gestank (z. B. Pferdemist)
Das sind Ätzes Freunde:	Igitte, Toni
Da lebt Ätze gern:	wo es stinkig, schmutzig und staubig ist
Das mag Ätze überhaupt nicht:	Ordnung und Sauberkeit

Ätze zum Selberbasteln

Anhand der Kopiervorlage kann sich jedes Kind ganz einfach einen eigenen Ätze basteln. Die Schüler lesen sich die Anleitung auf dem Arbeitsblatt zunächst still durch, anschließend können im Plenum Fragen geklärt werden.

Es empfiehlt sich, dass Sie für Ätzes Pompon-Bauch mithilfe der nebenstehenden Vorlage einige Pappringe als Schablonen für die Kinder vorbereiten. Die Schüler legen die Schablone zweimal auf ein Stück Pappe, fahren sie nach und schneiden anschließend zwei Pappringe aus (Schritt 1).

Das Umwickeln der Ringe mit Wolle geht schneller, wenn man den Faden doppelt nimmt. Da die Wolle um die Pappringe relativ dick gewickelt ist, müssen Sie beim Aufschneiden eventuell helfen (Schritt 2). Falls die Schuhe nicht an den Pfeifenputzerbeinen halten, hilft ein kleines Stück Klebeband (Schritt 9). Eventuell können die Kinder auch Wackelaugen aufkleben.

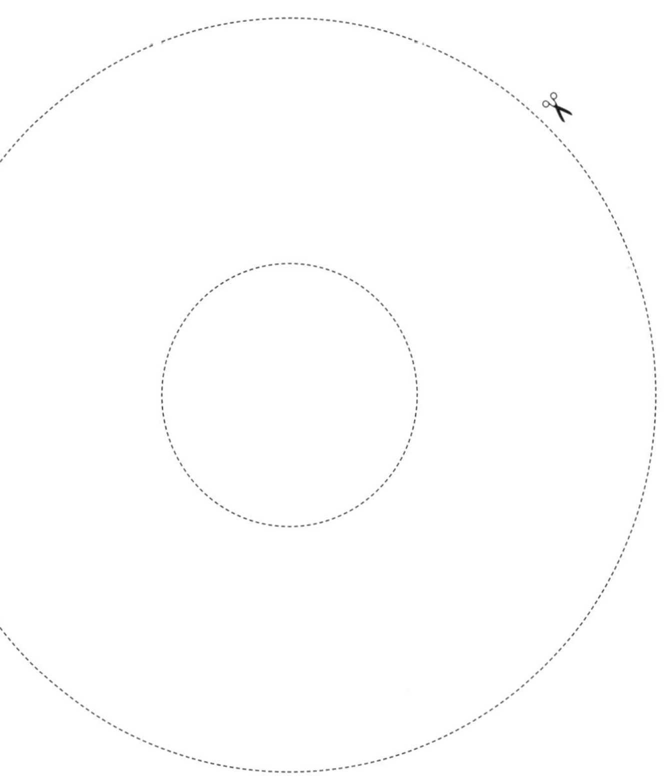

Ätze-Rap

Falls Ihnen das Lied auf CD zur Verfügung steht, spielen Sie den Rap zunächst einmal vor. Nur der Refrain verfügt über eine Melodie. Dann schneiden die Kinder die Textkarten aus, bringen sie nach dem zweiten Hören in die richtige Reihenfolge und kleben sie auf. Anschließend tragen die Schüler den Ätze-Rap selbst vor. Die Kinder schulen dabei ihr Gefühl für Rhythmus und Takt.

Bei der Begleitung des Raps sind der Fantasie keine Grenzen gesetzt. Neben der eigenen Stimme eignen sich dafür Körper- oder Orff-Instrumente. Lassen Sie die Kinder mit Betonung und Hervorhebungen experimentieren!

Haben Sie die CD nicht zur Hand, kopieren Sie das Arbeitsblatt möglichst dunkel, sodass der graue Text als Hilfe noch lesbar ist. Die Kinder ordnen die Karten anhand der Reime. Auch die Kästchen helfen dabei. Anschließend wird der Text als Gedicht vorgelesen oder auswendig gelernt. Falls Sie und Ihre Schüler bereits Erfahrung mit Raps haben, können Sie anschließend selbstständig eine Gestaltung erfinden.

Lösung

Ich bin Ätze und ich schätze Schmutz und Dreck und dunkle Plätze. Ich trink kein Wasser, sondern Tinte.	Ich mag Ärger, ich mag Streit, und Igitte tut mir leid. Sie ist so lieb und gut erzogen,
Ich wasch mich nicht, weil ich gern stinke. Pups oder Furz, das ist mir schnurz. Ich bin mies, ich bin fies	hat mich noch nie angelogen. Kuscheln und Küssen, find ich beschissen. Ärgern und Streiten, das mag ich leiden.
und ich mag vor allem dies: Streiche aushecken, Sachen verstecken, Ecken verdrecken, Tinte schlecken.	Ich bin Ätze, bin ein Knüller, und ein echter Tintenkiller.

Ich hoffe, dass euch vor mir graut! Fürchtet euch, kriegt Gänsehaut! Das größte Monster dieser Welt
hat schon vieles angestellt … Die nächsten Streiche plan ich schon, rettet euch und lauft davon!

KV
Seite
25

Eine feine Gesellschaft

Mithilfe dieser Kopiervorlage üben die Kinder eine Textpassage genau zu lesen, um gezielte Informationen zu erhalten. Zur Selbstkontrolle tragen sie die Tiernamen in das Kreuzwortgitter ein. Bringen Sie zur Veranschaulichung Abbildungen der genannten Tiere mit.

Lösung

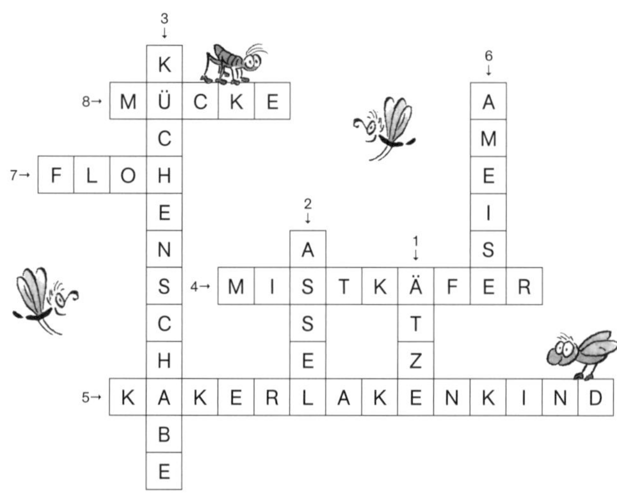

Weiterführende Ideen

- Die Kinder beantworten die Rätselfragen der Kopiervorlage in ganzen Sätzen, schreiben diese in ihr Heft und unterstreichen das Subjekt.

- Bei weiterreichendem Interesse an einzelnen dieser Tiere erstellen die Kinder kurze Steckbriefe oder Infoplakate.

KV Seite 26

Ätze, die Schnüffelnase

Anhand der auf den Karten vorgegebenen Wörter bzw. Wortgruppen überlegen die Kinder, wie sie den Geruch dieser Dinge empfinden und wie sie ihn auf einer Skala von „duften“, d. h. „gut riechen“, bis „stinken“, d. h. „schlecht riechen“, einordnen würden. Sie schneiden die Karten aus und kleben sie entsprechend zu bzw. zwischen die beiden Begriffe. Auch das Erstellen einer Reihenfolge ist möglich.

Anschließend versetzen sich die Schüler in Ätze, dessen Beurteilung der Gerüche vermutlich genau entgegengesetzt der Zuordnung der Kinder ist. Diese direkte Gegenüberstellung von Vorlieben und Abneigungen verdeutlicht noch einmal Ätzes Andersartigkeit.

In diesem Zusammenhang kann auch ein Unterrichtsgespräch zu unterschiedlichen Beurteilungen der Kinder stattfinden: Gibt es auch hier große Unterschiede? Warum? Gibt es einen Grund für eine bestimmte Bewertung?

Lösung
Ätze
Duften: Pferdemist, Mülltonne, Tonis Reitstiefel, Tinte
Stinken: Spaghetti mit Tomatensoße, Blume, Putzmittel, Parfüm, Heu, Kakao

Schule auf Rädern

Früher war der Schulbesuch für Zirkuskinder oftmals sehr problematisch, da sie fast jede Woche eine andere Schule besuchten, was jedes Mal neue Lehrer, neue Klassenkameraden und oft auch andere Lehrmittel und Lehrmethoden bedeutete. Viele Zirkuskinder konnten dem Unterricht wegen Unter- oder Überforderung deshalb nicht ausreichend folgen und keinen anerkannten Schulabschluss erlangen. In dieser Hinsicht hat sich in den letzten Jahren vieles geändert, sodass auch Zirkuskinder einen geregelten Schulbesuch vorweisen können.

Im Infotext der Kopiervorlage erzählt der neunjährige Gino, wie sein Schulalltag in einer Zirkusschule aussieht. Beispielgebend hierfür ist die „Schule für Zirkuskinder Nordrhein-Westfalen in der Trägerschaft der Evangelischen Kirche im Rheinland“ *(www.schulefuercircuskinder-nrw.de)*. In den meisten anderen deutschen Bundesländern wird der Schulbesuch von „Kindern von beruflich Reisenden“ anhand eines Konzepts von Stamm- und Stützpunktschule und mithilfe eines Schultagebuchs organisiert. Weitere Informationen dazu finden Sie unter *www.schule-unterwegs.de.*

Schule für Zirkuskinder in NRW
Auf Initiative der evangelischen Kirche rollen nun bereits seit einigen Jahren die Wagen der Schule für Zirkuskinder durch Nordrhein-Westfalen. Ein fester Lehrer unterrichtet in diesen mobilen Klassenzimmern an mindestens zwei Tagen pro Woche in den verschiedenen Zirkussen. Jedes Kind hat einen individuellen Lernplan, nach dem es entsprechend seinen Begabungen und Aufgaben innerhalb des Zirkusalltags lernt. Anders wäre das gemeinsame Lernen von bis zu sechs Schülern im Alter zwischen 5 und 18 Jahren in einer gemeinsamen Klasse auch gar nicht möglich. Oberstes Unterrichtsziel ist die Entwicklung von schulischem Selbstbewusstsein und selbst organisiertem Lernen, um so den Kindern die Möglichkeit zu geben, im engen Familienverband des Zirkus, wo alle miteinander verwandt sind und auch den Rest des Tages miteinander verbringen, selbst ein Stück Individualität zu gewinnen.

Aufgrund des besonderen Unterrichts erhalten Zirkuskinder kein normales Zeugnis, sondern ein Bericht spiegelt Lernstand und Lernzuwachs der Schüler wider. Erfasst werden aber auch zirzensische Fähigkeiten und Fertigkeiten, die für den zukünftigen Schulabschluss des Zirkuskindes relevant sein könnten.

In der dreimonatigen Winterpause besuchen die Zirkuskinder eine Regelschule. Auch in dieser Zeit werden sie von „ihrem“ Lehrer weiterbetreut. Der Zirkuslehrer kommt in die Schule, unterrichtet selbst, führt Gespräche mit den anderen Lehrern und unterstützt die Zirkuskinder in ihrem Schulalltag. Auf diese Weise bekommen die Lehrer und Schüler der „Winterschule“ einen Einblick in das Zirkusleben, den Zirkuskindern wiederum wird die Schulangst genommen und ihnen wird Verständnis für ihren besonderen Alltag entgegengebracht.

Der recht umfangreiche Text auf dem Arbeitsblatt sollte mehrmals gelesen werden. Während beim ersten Mal das grobe Textverständnis im Mittelpunkt steht, achten die Kinder beim zweiten Lesen darauf, welche Besonderheiten die rollende Zirkusschule im Unterschied zu ihrer eigenen Schule aufweist und unterstreichen diese im Text. Im anschließenden Unterrichtsgespräch werden die Unterschiede gegenübergestellt und einige Punkte beispielhaft stichpunktartig an der Tafel in eine Tabelle eingetragen. Je nach Leistungsstärke der Lerngruppe vervollständigen die Kinder die Tabelle selbstständig.

Mögliche Lösung

Schule für Zirkuskinder	„normale" Schule
• Unterricht findet zweimal in der Woche statt	• Unterricht findet fünfmal in der Woche statt
• Lehrerin bringt den Klassenraum mit (Wohnmobil)	• Klassenraum ist in einem Gebäude
• Schule kommt zu den Kindern	• Kinder kommen zur Schule
• kleine Klassen	• große Klassen (mehr als 20 Kinder)
• Schüler sind oft miteinander verwandt	• miteinander verwandte Schüler sind die Ausnahme
• Schüler sind unterschiedlich alt	• alle Schüler sind etwa gleich alt
• jeder Schüler hat seinen eigenen Lernplan, alle Schüler müssen an den schulfreien Tagen selbstständig lernen	• alle Schüler lernen meistens gemeinsam
• Zirkuskinder üben für ihren Auftritt und übernehmen viele weitere Aufgaben (z. B. Tiere füttern und pflegen)	• jeder macht in seiner Freizeit etwas anderes
• Schüler bekommen keine Noten, sondern einen Zeugnisbericht	• Schüler bekommen i. d. R. ab der 2. Klasse Noten

Weiterführende Idee
Die Kinder schreiben zu dem Thema „Was würde mir am Leben eines Zirkuskindes gefallen, was nicht?".

KV Seite 28

Ätze, das Tintenmonster
Mithilfe der Kopiervorlage können die Kinder ihre Textkenntnis zu den Seiten 7 bis 15 der Lektüre selbstständig überprüfen. Da es nicht nur eine richtige Antwort gibt, müssen die Kinder beim Lesen besonders aufpassen. Natürlich dürfen sie dabei das Buch zu Hilfe nehmen und nachlesen. Auch dieses Nachschlagen ist eine wichtige Lesetechnik.

Möchten Sie das Arbeitsblatt als Test zur Verständniskontrolle einsetzen, schneiden Sie vor dem Kopieren des Klassensatzes den rechten Rand (Silbenkästchen) und den unteren Rand (zweiter Arbeitsauftrag und Lösungssatz) einfach mit der Schneidemaschine ab.

Differenzierung: Schüler, die mit dem Arbeitsblatt schnell fertig sind, überlegen sich nach dem Muster selbst Multiple-Choice-Fragen und schreiben diese auf. Impulse dafür können die Fragewörter „Wer?", „Wann?", „Warum?", „Wo?", „Wohin?", „Wen?", „Was?" usw. geben. Dann werden die Blätter untereinander getauscht und von einem Partner oder von der gesamten Lerngruppe bearbeitet.

Lösung
Richtige Antworten:
1. Frage: 1., 2. und 4. Antwort
2. Frage: 3. und 4. Antwort
3. Frage: 2. und 4. Antwort
Lösungssatz: Wir Kinder lieben Zirkus.

Ätze im Zirkus
(Seite 16–29)

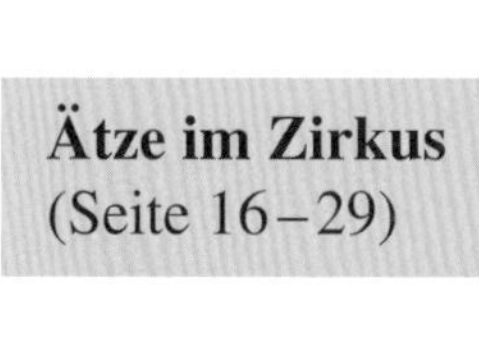

Inhalt

Ätze mischt sich in den Auftritt des Zauberers Makrocosimus Hipponosius ein und verdirbt ihm die Nummer. Er genießt den Applaus, obwohl der gar nicht ihm, sondern dem Clown Antonio gilt, der gerade in die Manege gekommen ist. Ätze beschließt, seiner Freundin Igitte eine Karte zu schreiben und ihr von seinem tollen Auftritt zu erzählen. Er geht deshalb in Tonis Wohnwagen, wo er nach Tinte sucht und Toni überzeugt, ihn bei sich wohnen zu lassen. Als Gegenleistung verspricht er ihr, den äußerst unbeliebten Zauberer zu ärgern. Ätze hält Wort und setzt dem Zauberer mit allerlei Streichen zu. Toni ist beeindruckt und nennt Ätze ein Teufelskerlchen, worüber er sich sehr freut.

Gesprächsanlässe

- Warst du schon einmal in einer Zirkusvorstellung? Erzähle davon. Welche Nummer hat dir besonders gut gefallen? Warum?
- Ätze springt aus dem Zylinder des Zauberers und versetzt ihn so in Angst und Schrecken. Was könnte Ätze noch tun, um Makrocosimus Hipponosius zu ärgern und zu erschrecken? (Seite 16)
- Toni erzählt, dass der Zauberer Makrocosimus Hipponosius eingebildet und deshalb im ganzen Zirkus sehr unbeliebt ist. Woran erkennt man, dass jemand eingebildet ist? Beschreibe. (Seite 21)
- Ätze möchte Toni beschützen. Wie will er das wohl machen? Bedenke Ätzes Größe. (Seite 22)
- Toni nennt Ätze ein Teufelskerlchen. Was meint sie damit? (Seite 28)
- Ätze denkt: Wie schade, dass Igitte nicht weiß, dass ich jetzt Teufelskerlchen heiß! Dieser Ausspruch stammt, etwas abgewandelt, aus einem bekannten Märchen. Aus welchem? (Rumpelstilzchen) Warum findet es Ätze wohl schade, dass Igitte seinen neuen Namen nicht kennt? (Seite 28)

Hinweise zu den Kopiervorlagen

KV Seite 29

Ein grässliches Monster

Die Kinder ordnen auf dieser Kopiervorlage verschiedenen Personen die passenden Eigenschaften zu. Die Figuren Antonio, Ätze, Igitte, Toni und Hipponosius kennen die Kinder bereits aus der Lektüre. Tarantella wird erst später erwähnt, aufgrund ihres Berufes können die Kinder die entsprechenden Eigenschaften jedoch leicht herausfinden. In einem zweiten Schritt werden die Adjektive den Namen vorangestellt. Dabei ergänzen die Kinder jeweils die Endung „e" an den Adjektiven und achten auf die Verwendung des Kommas. Das Anhängen der Endung (z. B. lustig – der lustige Clown) ist zugleich eine Strategie, die Probleme mit der Rechtschreibung bei Wörtern mit Auslautverhärtung zu bewältigen hilft.

Lösung

der bunt gekleidete, lustige, tollpatschige Clown Antonio; das grässliche, haarige, grünäugige, dreibeinige Monster Ätze; die langbeinige, dünnhaxige, spillerige Spinne Igitte; die nach Pferdemist duftende, sportliche, tierliebe Dresseurin Toni; die hinreißende, anmutige, bezaubernde Seiltänzerin Tarantella; der weltberühmte, magische, unübertroffene Zauberer Hipponosius

Weiterführende Ideen

- Mithilfe eines Lexikons finden die Kinder Beschreibungen für weitere Personen und Tiere, die im Zirkus auftreten (z. B. Löwe, Messerwerfer, Jongleur, Zirkusdirektor, Schlangenfrau) und stellen auch hier passende Adjektive voran. Was passiert, wenn man statt des bestimmten Artikels (der/die/das) den unbestimmten Artikel (ein/eine) benutzt?
- Damit die Schüler nicht nur die Adjektivendungen im Nominativ üben, können Sie Fragen stellen, die die Kinder beantworten, indem sie die Adjektive in andere Fälle setzen, z. B.: „Wen kann man im Zirkus bewundern?" – „Den bunt gekleideten …"; „Von wem lasse ich mir ein Autogramm geben?" – „Von der hinreißenden …"

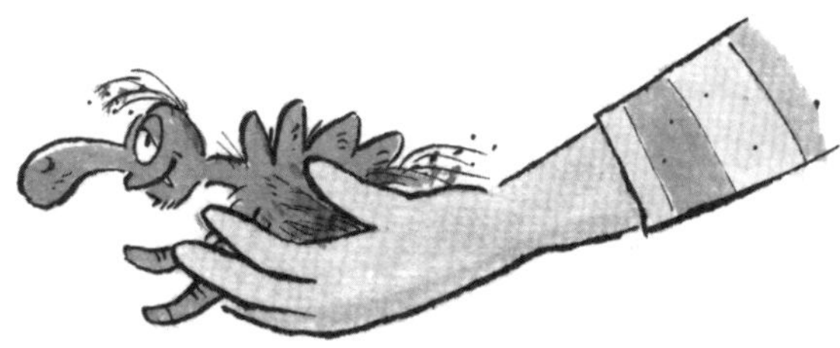

KV Seite 30

Ätze und Toni

Vor dem Hintergrund ihrer Textkenntnis wählen die Kinder jeweils das treffende Adjektiv aus. Manchmal können allerdings durchaus mehrere Lösungen infrage kommen. Die Kinder vergleichen ihre Variante mit dem Originaltext. Im Anschluss daran wird der Text als Lesevortrag eingeübt, wobei besonders auf die Betonung und Stimmmodulation der wörtlichen Rede geachtet werden sollte.

Lösung

überrascht – gekränkt – verblüfft – kreidebleich – stolz – zufrieden – eingebildet – furchterregend

Weiterführende Idee

Die Kinder probieren aus, wie unterschiedlich ein Satz klingt, wenn er einmal zornig, dann überrascht und schließlich beleidigt gesprochen wird. Daraus kann ein Ratespiel entstehen: Schreiben Sie eine Auswahl von Wörtern an die Tafel (z. B. zornig, erstaunt, nachdenklich, lachend, enttäuscht, höhnisch). Die Klasse einigt sich anschließend auf einen Satz. Er darf ruhig etwas absurd sein, z. B. „Bei der privaten Probevorstellung platzt Pippi peinlicherweise plötzlich die Popcorntüte." Nun sprechen einzelne Schüler den Satz auf unterschiedliche Weise und unterstützen ihre Sprache jeweils mimisch und/oder gestisch. Die Klasse rät, welche Version gerade vorgetragen wurde.

Ätzes Postkarte an Igitte

Den genauen Inhalt der Postkarte, die Ätze an Igitte schreibt, erfährt man in der Lektüre nicht. Was da wohl alles drin stehen könnte, kann im Plenum, aber auch in Gruppenarbeit mündlich oder schriftlich zusammengetragen werden. Ein Punkt ist besonders interessant: Wie dringlich äußert Ätze seinen Wunsch, dass Igitte ihn besuchen soll?

Bei dem Vorschlag auf dem Arbeitsblatt erzählt Ätze von seinen Erlebnissen beim Zirkus und seinen Erfolgen in der Manege, gibt ein wenig an und sagt, warum er sich gerade bei Toni einquartiert hat. An einer Stelle flunkert Ätze: Nicht Toni hat ihn gebeten, sie zu beschützen, Ätze hat sich sozusagen aufgedrängt. Lassen Sie die Kinder diese Stelle herausfinden.

Die fünf Wörter, die nicht in den Postkartentext eingesetzt werden können, lassen sich zu einem Lösungssatz ordnen: Ätze gibt ganz schön an.

Lösung

klatschen – Zauberer –
Zylinder – Spaß –
kennst – Bekannten –
Erfolg

Makrocosimus Hipponosius – völlig verwirrt

Die Lese- und Schreibaufgabe bezieht sich auf eine kurze Textstelle auf Seite 25 bis 27 der Lektüre. Leistungsschwächere Kinder können zur Bearbeitung der Aufgabe das Buch heranziehen. Für leistungsstärkere Schüler kann der Schwierigkeitsgrad erhöht werden, indem sie zunächst den Originaltext lesen und dabei versuchen, sich die missglückten Zaubernummern einzuprägen. Anschließend bearbeiten sie das Arbeitsblatt, ohne noch einmal in die Lektüre zu schauen.

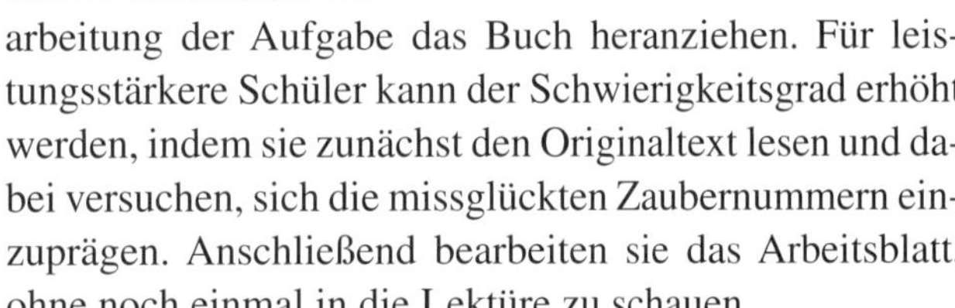

Lösung

„... Aus meinem Zylinderhut kommt keine Taube, sondern Konfettiregen. Aus dem Goldfischglas grinst mich statt des Goldfischs ein Rollmops an. Dieses Monster hat mir den Zauberstab mit Fliegenleim beschmiert und einen Reißnagel in die Lackschuhe gelegt. Sogar vor meinem Privatleben macht es nicht halt. Als ich abends schlafen gehen wollte, war mein Schlafanzug voller Juckpulver."

KV Seite 33/34

Zaubertricks

Mithilfe dieser Zaubertricks können sich die Kinder selbst als Zauberer versuchen. Bei den vorgestellten rein physikalischen Tricks ist die Lust am Experimentieren mindestens ebenso wichtig wie die richtige Erklärung für das zu Beobachtende. Es bietet sich an, die Klasse in vier Gruppen einzuteilen, von denen jede nur die Beschreibung für einen Zaubertrick erhält. Stellen Sie den Schülern die erforderlichen Materialien zur Verfügung oder lassen Sie sie diese selbst besorgen. Die Kinder üben dann den Zaubertrick ein und gestalten eine kleine Vorführung für ihre Mitschüler.

Verliebte Büroklammern

Die beiden Büroklammern werden bei diesem Trick verbunden, ohne dass man sie berührt. Sobald man an den beiden Enden des Papierstreifens zieht, verrutschen die Büroklammern und werden aufgrund der beiden „Biegungen" im Papier ineinander geschoben. Schließlich rutschen sie vom Papier ab und hängen aneinander.

Der Tintengeist

Die im heißen Wasser erwärmte Tinte steigt aus der Patrone nach oben, weil sie durch die wärmebedingte Ausdehnung ein geringeres spezifisches Gewicht als das Eiswasser hat. Haben sich die Temperaturen von Eiswasser und Tinte angeglichen, bleibt die Tinte in der Patrone. Der Effekt verlängert sich, je mehr der Knetballen die Patrone einhüllt.

Das trockene Taschentuch

Luft nimmt einen Raum ein und verdrängt Wasser. Besonders gut beobachten lässt sich das, wenn das Wasser in dem großen durchsichtigen Gefäß mit Tinte oder Wasserfarbe gefärbt wird. Taucht man das Glas mit dem Taschentuch besonders tief ein, kann man beobachten, wie das Wasser doch ein wenig in das Innere des Glases steigt, weil der Wasserdruck die Luft im Glas zusammendrückt. Je tiefer das Glas in das Wasser gehalten wird, umso mehr Kraft ist nötig, um es mit der Hand nach unten zu drücken.

Kung-Fu mit Gefühl

Dieses Experiment basiert auf der Trägheit der Körper. Wird das Lineal nur langsam bewegt, fallen die Bleistifte vom Tisch. Bei einer schnellen Bewegung, wie bei dem „Karateschlag" mit dem Lineal, bleiben die Bleistifte auf dem Tisch liegen und nur der Zahnstocher zerbricht. Ein vergleichbares Experiment ist das ruckartige Wegziehen einer Tischdecke unter einem Glas. Geschwindigkeit wirkt hier wie Hexerei.

Weiterführende Idee

Zahlreiche Versuche aus Experimentierbüchern für Kinder können mit ein wenig Fantasie und dem richtigen Spruch als Zaubertrick präsentiert werden. „Richtige" Zaubertricks haben oft mit manuellem Geschick, Ablenkung der Zuschauer und viel Übung zu tun.

Stauberzab und Schackluhe

Das Vertauschen der Anlaute bei zusammengesetzten Nomen ist ein einfaches und lustiges Sprachspiel, das die Kinder auf Wortzusammensetzungen aufmerksam macht und gleichzeitig ihr Sprachbewusstsein trainiert.

Lösung

Stauberzab – Zauberstab, Schackluhe – Lackschuhe, Kostparte – Postkarte, Hylinderzut – Zylinderhut, Ronfettikegen – Konfettiregen, Mollrops – Rollmops, Neißragel – Reißnagel, Puckjulver – Juckpulver

Wohnwagen – Die Anlaute beider Nomen sind jeweils gleich.

Weiterführende Ideen

- Die Kinder suchen in der Lektüre nach weiteren zusammengesetzten Nomen und vertauschen die Anlaute.
- Die Kinder schreiben einen Ansagetext für den „Dirkuszirektor", der sich während der Vorstellung bei der Ankündigung der nächsten Nummer ständig verspricht.

Gedankenlesen

Die Gedanken einer Person an deren Stelle nachzuvollziehen ist ein einfaches textproduktives Verfahren. Die der Lektüre entnommenen Bilder erleichtern es den Kindern, sich an die betreffende Textstelle zu erinnern und sie bei Bedarf im Buch noch einmal nachzuschlagen. Anhand der Angaben im Text sollen die Kinder dann auf eine plausible Gedankenrede schlussfolgern bzw. den Text entsprechend umschreiben. Nur beim vierten Bild kann die Gedankenrede wörtlich übernommen werden. Diese Aufgabe setzt ein gutes Textverständnis voraus. Zur Differenzierung für leistungsschwächere Kinder bzw. wenn der Schwerpunkt mehr auf das Lesen gelegt werden soll, kann zusätzlich die Kopiervorlage auf Seite 37 eingesetzt werden, auf der die Kinder aus den vorgegebenen Texten die richtigen Gedankenblasen auswählen, ausschneiden und aufkleben.

Lösung

KV Seite 38

Ätze im Zirkus

Die Fragen überprüfen das Textverständnis auf den Seiten 16 bis 29 der Lektüre. Das Antworten in ganzen Sätzen fällt den Kindern, die grundsätzliche Probleme bei der Satzbildung haben, erfahrungsgemäß schwer. Üben Sie mit diesen sprachschwachen Kindern die Aufgabe zunächst mündlich, wobei Stichpunkte an der Tafel festgehalten werden. Zur weiteren Differenzierung können Sie Satzanfänge vorgeben.

Mögliche Lösung

1. Eigentlich wollte er ein Kaninchen herauszaubern.
2. Ätze denkt an seine Freundin Igitte.
3. Der Zauberer ist sehr eingebildet. Für seine Zaubernummern will er immer den besten Programmplatz und für seinen Wohnwagen den besten Stellplatz. Er trickst alle aus, wenn es um seinen Vorteil geht.
4. Ätze verspricht ihr, sie vor Räubern, Ungeziefer und hinterhältigen Zauberern zu beschützen.
5. Der Zauberer versucht Ätze mit der Fliegenklatsche und Monsterfallen zu erwischen.
6. Er findet es schade, dass Igitte das nicht hören kann.

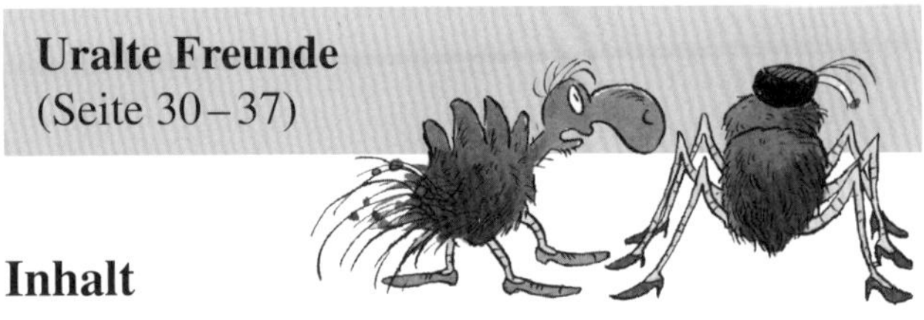

Uralte Freunde
(Seite 30–37)

Inhalt

Igitte hat Ätzes Postkarte erhalten und fährt zum Zirkus. Beim Aussteigen aus dem Bus wird sie fast überfahren. Es ist bereits sehr spät, als sich Igitte auf dem Zirkusgelände auf die Suche nach Ätze macht. Alle im Zirkus schlafen schon, nur eine Fledermaus ist noch wach, doch die kennt Ätze nicht. Hoffnungsvoll wartet Igitte den Morgen ab.

Ätze begrüßt Igitte äußerst unfreundlich. Von der Postkarte will er nichts mehr wissen. Die beiden überschütten sich mit Beschimpfungen. Toni kommt hinzu und berichtet von der Aussicht, zusammen mit dem Clown Antonio bald eine eigene Nummer im Programm zu bekommen.

Lösung

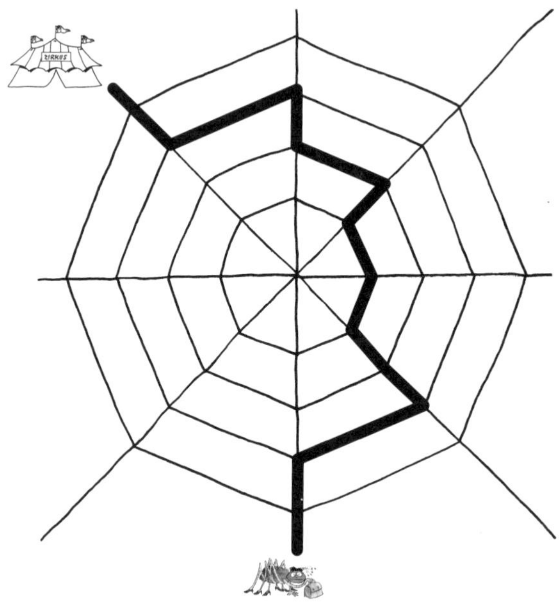

Gesprächsanlässe

- Es dauert eine Weile, bis sich Igitte im Verkehrsnetz der Stadt zurechtfindet. Gibt es in deiner Stadt/deinem Ort ein Verkehrsnetz? Welche Verkehrsmittel gibt es? Beschreibe deinem Nachbarn den Weg von der Schule zum Schwimmbad/zur Bibliothek/zum Supermarkt … Mit welchem Verkehrsmittel musst du fahren …? (Seite 30)
- Es ist schon sehr spät, als Igitte im Zirkus ankommt. Nur eine Fledermaus ist noch wach. Kennst du weitere Tiere außer der Fledermaus, die tagsüber schlafen und nachts wach sind? (Eule, Dachs, Igel) (Seite 32)
- Warum bestreitet Ätze, Igitte eine Postkarte geschrieben und sie gebeten zu haben, in den Zirkus zu kommen? (Seite 34)
- Sind Ätze und Igitte wirklich uralte Freunde? Woran erkennst du einen guten Freund oder eine gute Freundin? (Seite 36)
- Warum zanken und beschimpfen sich Ätze und Igitte eigentlich ständig? Wer fängt damit an?

Hinweise zu den Kopiervorlagen

Die Spinne im Verkehrsnetz
Auf dieser Kopiervorlage vollziehen die Kinder anhand von Richtungspfeilen den Weg der Spinne durch das Netz zum Zirkus nach. Sie üben so, sich nach Anweisung auf einem einfachen Plan zu bewegen. Lassen Sie die Schüler Igittes Wegbeschreibung verbalisieren: Zuerst geht Igitte geradeaus, dann nach rechts …

KV Seite 40

Igitte zum Selberbasteln
Bedenken Sie, dass bei Igitte sowohl der Kopf als auch der Körper aus einem Pompon bestehen, sodass die Kinder für das Umwickeln der Pappscheiben mit Wolle einige Zeit benötigen. Für Igittes Kopf brauchen Sie zwei Pappscheiben entsprechend der untenstehenden Vorlage, für den Bauch ist dieselbe Vorlage wie für Ätzes Bauch auf Seite 6 vorgesehen.

Ergänzende Hinweise zur Herstellung der Pompons finden Sie auf Seite 6. Damit die Schuhe besser an den Pfeifenputzerbeinen halten, hilft ein kleines Stück Klebeband. Falls gewünscht, können die Kinder auch Wackelaugen auf den Kopf-Pompon kleben und ein Hütchen für Igitte basteln.

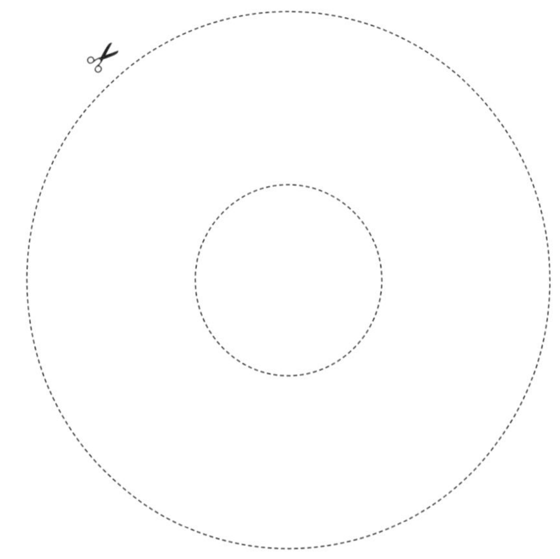

Igittes Hütchen wird nach folgender Anleitung mit den unten abgebildeten Vorlagen gebastelt:

1. Schneiden Sie alle Vorlagen an den äußeren gestrichelten Linien aus.
2. Schneiden Sie aus Vorlage 1 das Loch in der Mitte aus.
3. Kleben Sie den Streifen (Vorlage 2) an der Markierung zusammen und setzen Sie den Ring so in das Loch von Vorlage 1, dass ca. 5 mm des Streifens auf der Unterseite überstehen. Schneiden Sie diesen Rand von unten ein, knicken Sie ihn nach außen unter den Hutrand und kleben Sie ihn mit Klebestreifen fest.
4. Knicken Sie bei Vorlage 3 die beiden Klebelaschen nach unten und bestreichen Sie diese außen mit Klebstoff. Setzen Sie den Kreis als Hutdeckel oben auf den Ring und drücken Sie die Klebelaschen von innen fest.

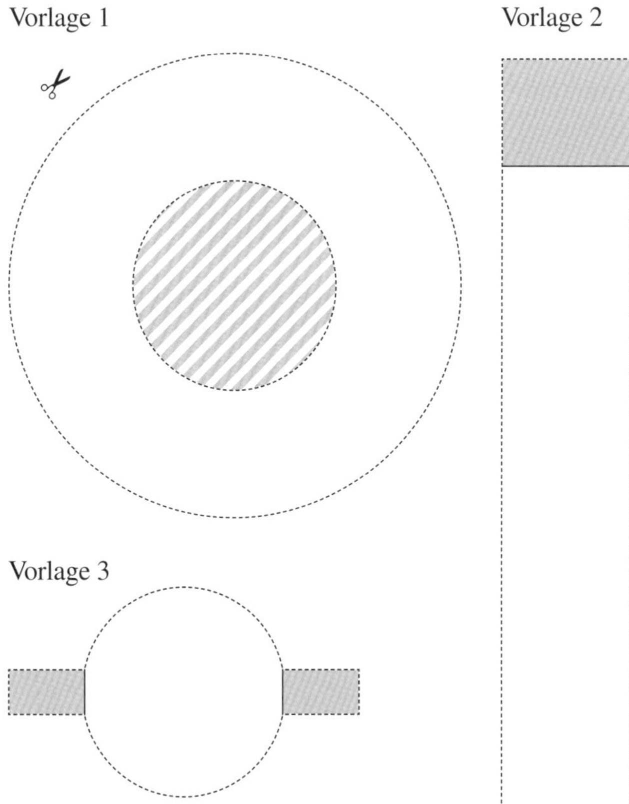

Wo ist Ätze?

KV Seite 41

Bei dieser logischen Denkaufgabe findet man den gesuchten Wagen am besten nach dem Ausschlussverfahren. Damit der Lösungsweg nachvollziehbar ist, können die Kinder jeder Aussage eine Farbe geben und mit dieser Farbe die Wagen durchstreichen, die sicher nicht mehr infrage kommen. Einige Wagen können so gleich mehrmals ausgeschlossen werden.

Eine andere Möglichkeit: Die Kinder gehen Wagen für Wagen durch und prüfen, ob alle Aussagen auf den jeweiligen Wagen zutreffen. Stimmt bereits ein Merkmal nicht überein, scheidet der Wagen aus. Diese Lösungsvariante kann man gut in Fünfergruppen mit verteilten Aufgaben durchführen, wobei dann jedes Gruppenmitglied für eine Aussage zuständig ist.

Lösung

Weiterführende Idee

Spielen Sie in der Klasse das Spiel „Der zögerliche Zeuge“, mit dem die Schüler logisches Denken trainieren. Ein Kind ist der Zeuge, ein anderes der Detektiv. Zehn oder mehr Kinder sind die Tatverdächtigen und stellen sich in einer Reihe auf. Der Zeuge wählt aus den Tatverdächtigen ein beliebiges Kind als Täter aus, schreibt dessen Namen auf einen versteckten Zettel und trifft anschließend seine Aussage, z. B.: „Der Täter hat keine blonden Haare.“ Der Detektiv schickt daraufhin alle Kinder mit blonden Haaren auf ihre Plätze: „Sie können jetzt gehen, aber halten Sie sich noch zur Verfügung.“ Der nächste Zeugenhinweis folgt, z. B.: „Rechts vom Täter steht kein Mädchen.“ Achten Sie in diesem Zusammenhang darauf, dass der Standpunkt, von dem aus „links“ bzw. „rechts“ gilt, eindeutig geklärt ist. Um den Kindern Impulse für originelle Hinweise zu geben, übernehmen Sie in den ersten Runden die Rolle des Zeugen.

Variante: Wird der Detektiv während der Bestimmung des Täters vor die Tür geschickt, kann die gesamte Klasse – bis auf die Verdächtigen – die Rolle der „zögerlichen Zeugen“ übernehmen.

Es darf geschimpft werden

KV Seite 42

Ätze und Igitte, die beiden feindseligen Freunde, streiten sich ständig. Auch wenn das Verhältnis der beiden satirisch überzeichnet ist, finden sich ähnliche Verhaltensmuster in vielen freundschaftlichen Beziehungen. Wovon hängt es eigentlich ab, ob ein Schimpfwort als verletzend empfunden wird? Von der Situation, dem „Beschimpfer“, der Stimmungslage und dem Selbstbewusstsein des Beschimpften, dem wahren Kern der Beschimpfung, dem „wunden Punkt“ …?

Lassen Sie die Kinder vor der Bearbeitung der Kopiervorlage überlegen, wie aus ganz normalen Wörtern, wie „alt“, „Esel“ oder „Nuss“, Beschimpfungen werden. Die Umdeutung erfolgt im situativen und kulturellen Kontext. Eine negative Konnotation (Esel = dumm) wird hervorgehoben. Die Kinder probieren aus, welche Adjektive und Nomen gut zusammenpassen und schreiben die gefundenen Kombinationen auf.

Anschließend denken sich die Schüler selbst originelle Schimpfwörter aus und setzen sie im gespielten Streit ein, um ihr Gegenüber zu übertreffen. Dieser äußerst kreative Vorgang macht Kindern erfahrungsgemäß viel Spaß.

Weiterführende Idee
Sie können die Verfremdung noch weitertreiben und das clowneske Rollenspiel umkehren: Die Kinder sammeln positive Adjektive und neutrale bis positiv klingende Nomen, z. B. „wunderbarer Kerzenschein“ oder „haltbare Milch“. In Partnerarbeit beschimpfen sie sich damit wütend bzw. fühlen sich beleidigt. Allmählich steigert sich der Zorn. Wer schafft es, ohne dabei zu lachen?

Uralte Freunde
Dieses Arbeitsblatt bietet den Kindern die Möglichkeit, ihr Leseverständnis zu den Seiten 30 bis 37 der Lektüre selbst zu überprüfen. Je nachdem, ob die Aussage wahr oder falsch ist, kreisen die Schüler den entsprechenden Buchstaben ein und übertragen ihn in das richtige Kästchen. So ergibt sich die Lösung.

Lösung
Wahre Aussagen: 2, 4, 7, 8, 10, 13
Falsche Aussagen: 1, 3, 5, 6, 9, 11, 12
Lösungssatz: HERZLICH WILLKOMMEN!

Ätze ist unsichtbar
(Seite 38 – 53)

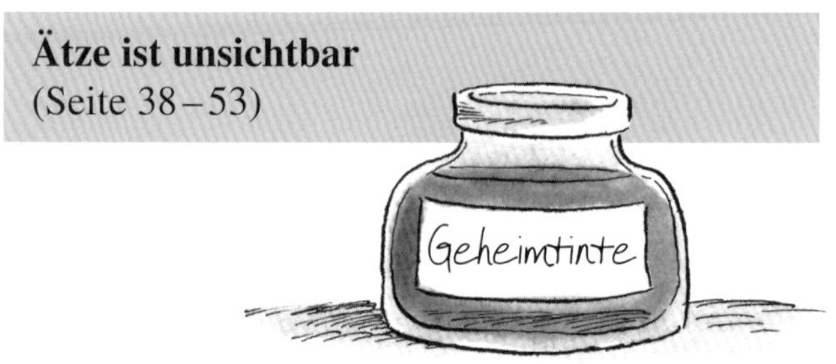

Inhalt

Nach einem weiteren Streit mit Igitte entdeckt Ätze im Wohnwagen des Zauberers ein Glas mit der Aufschrift „Geheimtinte“. Entzückt nimmt er ein Tintenvollbad – und ist kurz darauf verschwunden, denn die Tinte macht unsichtbar. So belauscht er ungesehen ein Gespräch zwischen dem Zauberer und dem Zirkusdirektor. Mit Tonis Hilfe, die Zitronensaft besorgt hat, wird Ätze wieder sichtbar. Er berichtet Toni von den bösen Plänen des Zauberers: Tonis neue Nummer mit dem Clown Antonio wird nicht ins Programm aufgenommen! Toni ist darüber sehr traurig. Ätze beschließt, von nun an dem Zauberer jede Show zu vermasseln. Nach einer Woche ist dieser mit seinen Nerven am Ende und reist zu einer Kur ab. So kommt Tonis und Antonios neue Nummer doch noch ins Programm.

Gesprächsanlässe

- Im Wohnwagen des Zauberers findet Ätze ein Gläschen mit Geheimtinte. Welche anderen Zauberutensilien könnte Ätze dort noch finden? (Seite 40)
- Ätze ist unsichtbar und will die Gelegenheit nutzen, um den Zauberer Makrocosimus Hipponosius zu ärgern. Was könnte er machen? (Seite 43)
- Was würdest du tun, wenn du dich unsichtbar machen könntest? (Seite 43)
- Makrocosimus Hipponosius möchte auf keinen Fall, dass Toni und Antonio mit ihrer neuen Nummer ins Programm kommen. Warum? (Seite 47)

Hinweise zu den Kopiervorlagen

Geheime Nachrichten
Für das Übermitteln geheimer Botschaften gibt es grundsätzlich zwei Möglichkeiten: Entweder wird die Nachricht so „versteckt“, dass sie nur der Empfänger findet, oder die Nachricht wird so verschlüsselt, dass nur der Empfänger, der den Code kennt, den Inhalt verstehen kann. Hier wird für jeden der beiden Fälle ein Beispiel vorgestellt.

Unsichtbare Tinte

So, wie in der Lektüre mithilfe von Zitronensaft eine Geheimtinte wieder sichtbar gemacht wird, funktioniert es in der Realität leider nicht. Mit Säure kann man keine ins Farblose umgeschlagene Tinte wieder sichtbar machen. Andererseits verfärbt sich aber auf einem Blatt aufgetragener, nicht sichtbarer Zitronensaft durch wärmebedingte Zersetzung.

Ist kein Zitronensaft o. Ä. zur Hand, können die Kinder mit der „Löschseite" ihres Tintenkillers auf ein Blatt schreiben oder malen. Wird das Blatt anschließend mit blauer Tinte eingepinselt, tritt die Schrift weiß hervor.

Geheimschrift

Die Kinder suchen auf dem inneren Ring den zu entschlüsselnden Buchstaben. Zum leichteren Auffinden sind die Buchstaben hier alphabetisch angeordnet. Der entsprechende Buchstabe im äußeren Kreis ist die „Übersetzung".

Lösung

KOMM HEUTE IN DIE VORSTELLUNG!

Meine Verschlüsselungsmaschine

Mithilfe der Verschlüsselungsmaschine können die Kinder Nachrichten immer wieder neu codieren. Dabei wird jeder Buchstabe des Alphabets durch einen anderen Buchstaben ersetzt. Zum Festlegen des Codes A = D dreht man beispielsweise die innere Scheibe so, dass dem Buchstaben A auf der äußeren Scheibe der Buchstabe D auf der inneren Scheibe zugeordnet ist.

Geben Sie den Kindern ausreichend Gelegenheit, mit der Verschlüsselungsmaschine zu experimentieren und sich gegenseitig chiffrierte Nachrichten zu schicken.

Weiterführende Idee

Überlegen Sie gemeinsam mit den Kindern: Wo spielen Geheimschriften heute noch eine Rolle? Wie können einfache Geheimschriften entschlüsselt werden?

Längere Texte entschlüsselt man über die statistische Auftrittswahrscheinlichkeit von Buchstaben. Die Kinder könnten im Mathematikunterricht über Textuntersuchungen mit Strichlisten diese Wahrscheinlichkeiten selbst ermitteln – am besten in Arbeitsteilung, um eine größere Datenbasis zu erhalten. Das „e" bzw. sein codebedingter Stellvertreter kommen bekanntlich am häufigsten vor. Buchstabenkombinationen wie „sch" oder „ch" findet man auch schnell heraus. Die Schüler können einen längeren Text verschlüsseln und einen Partner auf diese Weise wieder entschlüsseln lassen. Eine gute Konzentrationsübung!

Immer der Reihe nach

Die Kinder stellen die einzelnen Satzglieder zu sinnvollen Sätzen um und achten dabei darauf, die Satzanfänge großzuschreiben. Anschließend wird anhand des Lektüretextes verglichen, welche Variante im Buch gewählt wurde. Die Kinder markieren die entsprechenden Sätze auf ihrem Arbeitsblatt. Thematisieren Sie auch, dass in der Regel die Bedeutung eines Satzgliedes hervorgehoben wird, wenn es an den Anfang gestellt wird.

Lösung

1. Mit geschlossenen Augen habe ich die Todesspirale geturnt. / Ich habe mit geschlossenen Augen die Todesspirale geturnt.
2. Ein Tintenglas entdeckte er auf dem Schreibtisch. / Auf dem Schreibtisch entdeckte er ein Tintenglas.
3. Anschließend schlabberte er das Glas leer. / Das Glas schlabberte er anschließend leer. / Er schlabberte anschließend das Glas leer.

Weiterführende Idee

Schreiben Sie alle Satzglieder des Arbeitsblatts auf Karteikarten und lassen Sie die Kinder daraus ganz neue Sätze bilden. Dabei entstehen witzige Sätze, wie z. B. „Mit geschlossenen Augen schlabberte er nun in Tonis Wohnwagen die Todesspirale." Die Idee, kreativ mit einzelnen Satzgliedern umzugehen, wird auch im Spiel „Ätzes Satzweltmeisterschaft" (KV Seite 63 / 64) aufgegriffen.

Nicht nur Ätze ist weg

Der Text fasst das Kapitel „Ätze ist verschwunden" zusammen. Er ist jedoch unvollständig, da einige Wörter fehlen. Diese sind am Rand angegeben und sollen von den Kindern jeweils an der richtigen Stelle in den Text eingefügt werden. Diese Aufgabe setzt genaues Lesen voraus und ist eine gute Übung für das Text- bzw. Sprachverständnis der Kinder. Leistungsstärkere Schüler können ähnliche Aufgaben selbst entwickeln.

Lösung

Igitte war Ätze heimlich in den Wohnwagen des Zauberers gefolgt. Sie konnte ihn jedoch nicht entdecken. Allerdings konnte sie ihn fühlen (besonders in der fünften Kniekehle).

Auch Ätze sah sich selbst nicht mehr. Zunächst glaubte er, der Zauberer Makrocosimus Hipponosius habe ihn verhext. Igitte merkte schnell, dass er sich selbst verhext hatte. „Du hast Geheimtinte getrunken", rief sie. Ätze war völlig verzweifelt. Das Schlimmste für ihn war die Vorstellung, nun niemanden mehr erschrecken zu können. Sie liefen zu Tonis Wohnwagen, um sie um Hilfe zu bitten. Igitte erklärte Toni, was geschehen war. Die versprach, Ätze mit Zitronensaft wieder sichtbar zu machen.

KV Seite 48

Ein Brief in Geheimschrift

Bei diesem Text besteht die Geheimschrift darin, dass alle Vokale, Umlaute und Doppellaute weggelassen wurden. Doch erst Vokale machen unsere Sprache weich und melodisch. Lassen Sie die Schüler zunächst alle Buchstaben und Buchstabengruppen sammeln, die fehlen können. Dann versuchen die Kinder in Einzelarbeit den Konsonantentext halblaut zu lesen, wobei sie bereits fehlende Buchstaben ergänzen. Die Wörter, die sie erkannt bzw. aus dem Kontext erschlossen haben, können sie vor der Abschrift über die Wortfragmente eintragen. Für die rasche Worterkennung sind bei dieser Aufgabe viele Kenntnisse über die Struktur von Wörtern, Sätzen und Texten erforderlich.

Lösung

Fehlende Buchstaben und Buchstabenkombinationen:
a, e, i, o, u; ä, ö, ü; ai, au, äu, ei, eu, ie

Lieber Antonio,
ich fand unsere Probe gestern sehr schön. Bestimmt klappt die Nummer bald noch perfekter. Hoffentlich macht uns Hipponosius keinen Strich durch die Rechnung. Der Direktor muss uns einfach nehmen. Mein kleiner Monsterfreund Ätze treibt Hipponosius gewiss bald in den Wahnsinn. Ist Dir schon mal aufgefallen, wie der Zauberer bei seinen Auftritten zittert? Komm nachher zur gewohnten Stelle hinter dem Zelt.
Bis dann.
Liebe Grüße!
Deine Toni

Weiterführende Idee

Die Kinder schreiben nach diesem Prinzip eigene Sätze oder Kurztexte zum Knobeln für ihre Mitschüler.

Ätze ist unsichtbar

Die Sätze ergeben in der richtigen Reihenfolge eine kurze Inhaltsangabe der Kapitel dieses Abschnitts. Die Aufgabe verlangt besonders gute Textkenntnis und Lesefertigkeit und sollte idealerweise zusammen mit einem Partner bearbeitet werden. In die richtige Reihenfolge gebracht, ergeben die Buchstaben vor den Sätzen ein Lösungswort zur individuellen Selbstkontrolle. Alternativ können leistungsschwächere Schüler die Textstreifen zerschneiden, sie dann den drei Kapiteln entsprechend sortieren und anschließend in die richtige Reihenfolge bringen.

Lösung

Lösungswort: KRAGENKNÖPFCHEN

Der Zirkus bricht die Zelte ab
(Seite 54–59)

Inhalt

Der Zirkus hat ein Angebot für eine Tournee in Amerika bekommen. Alle sind begeistert, nur Igitte möchte nicht mitkommen. Ätze ist darüber gar nicht traurig – sagt er zumindest. Schnell bauen die Zirkusleute die Zelte ab und verpacken alles. Im Hafen wartet bereits das Schiff *Morgenröte* auf den Zirkus: schneeweiß und blitzsauber. Das ist nichts für Ätze! Spontan beschließt er, lieber doch nicht mitzufahren – wegen des pfuiteufligen Dampfers, aber auch, weil er sich überflüssig fühlt: Toni hat nur noch Augen für Antonio, und Igitte ist auch einfach so abgehauen. Als Ätze gerade vom Schiff geht, entdeckt er eine Ratte. Nichts wie hinterher, denkt Ätze und hofft, dass sie ihn zu einem kotzgammeligen Monsterplätzchen führt …

Gesprächsanlässe

- Zuerst möchte Ätze mit dem Zirkus nach Amerika fahren, dann überlegt er es sich doch anders und bleibt zu Hause. Warum? Was spricht für die Reise nach Amerika und was dagegen? Erstelle eine Liste. (Seite 54–58)
- Ätze fühlt sich überflüssig. Warst du auch schon einmal in einer Situation, in der du dich fehl am Platze gefühlt hast? Warum? Erzähle. (Seite 58)
- Wo es Ratten gibt, gibt es sicher auch ein kotzgammeliges Plätzchen für mich, denkt Ätze. Wie muss ein Ort aussehen, damit sich Ätze dort wohlfühlt? (Seite 59)

Hinweise zu den Kopiervorlagen

Tintenblau und schneeweiß
Die Bildung neuer Wörter durch Zusammensetzung ist nicht nur bei Nomen + Nomen, sondern auch bei Nomen + Adjektiv möglich. So gebildete zusammengesetzte Adjektive werden zusammengeschrieben und – da das Grundwort die Wortart festlegt – klein.

Wird ein Farbadjektiv mit einem Nomen kombiniert, so wird der Farbton genauer bestimmt, weil man sich unter der Farbe des Nomens bereits etwas vorstellen kann. Dabei ist es wichtig, nur solche Nomen zu verwenden, die man mit der jeweiligen Farbe auch typischerweise in Verbindung bringt.

Lassen Sie die Kinder weitere Farbtöne finden, die aus zusammengesetzten Adjektiven bestehen, wie z. B. tannengrün, grasgrün, rosenrot, mausgrau, schokoladenbraun. Vor allem die Hersteller von Malerfarben haben viele interessante Bezeichnungen für Farbtöne.

Lösung
Das Schiff, mit dem der Zirkus nach Amerika fährt, heißt *Morgenröte.* Es ist ziemlich neu, schneeweiß und blitzsauber. Der Steward hat eine blütenweiße Uniform an. Das gefällt Ätze

alles gar nicht. Ätze ärgert sich auch über Toni, aber ihre Augen findet er toll: Die sind nämlich nicht grau wie Mäusekacke, sondern tintenblau.

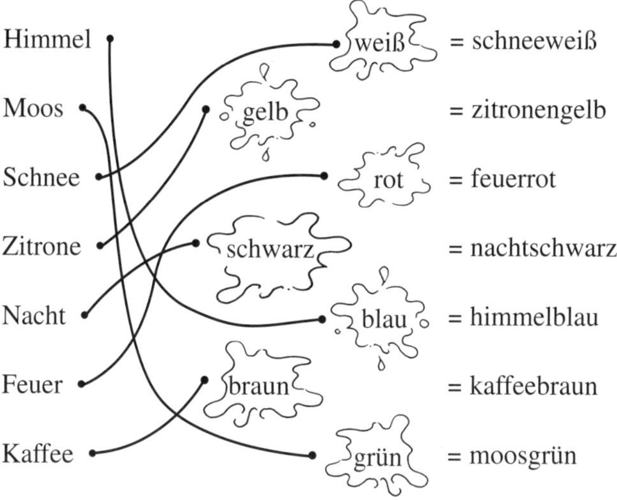

KV Seite 51

Sauschwer oder kinderleicht?
Diese Kopiervorlage weitet das Thema Komposita, das auf der vorangegangenen Seite auf Farbadjektive beschränkt war, auf beliebige Adjektive aus. Versuchen Sie auch hier gemeinsam mit den Schülern die Entstehung der Zusammensetzungen zu erklären.

Lösung
kinderleicht, kerzengerade, steinhart, fingerdick, kugelrund, bärenstark, strohdumm, kreidebleich, wunderschön

Weiterführende Ideen

- Die Kinder finden weitere Beispiele für Zusammensetzungen aus Nomen + Adjektiv, z. B. blitzschnell, aalglatt, baumlang, kerngesund, affenstark, glasklar, bauernschlau, pulvertrocken, taghell, bleischwer, bildschön, rotzfrech, spottbillig, eiskalt, pappsatt, messerscharf.
- Die Schüler überlegen sich bildhafte Vergleiche, die ebenfalls der genaueren Beschreibung dienen, z. B. hungrig wie ein Wolf; rot wie eine Tomate; geschickt wie ein Elefant im Porzellanladen; lahm wie eine Ente.

Ich mag ihn, weil …
Inhaltlich geht es hier um die Frage, warum Igitte Ätze eigentlich mag – schließlich macht er es ihr wirklich nicht leicht und stößt sie immer wieder vor den Kopf. Trotzdem ist Ätze ihr nicht gleichgültig.

Sprachlich werden auf diesem Arbeitsblatt Konjunktionen geübt. Manchmal gibt es mehrere Möglichkeiten, die Sätze miteinander zu verbinden.

Lösung

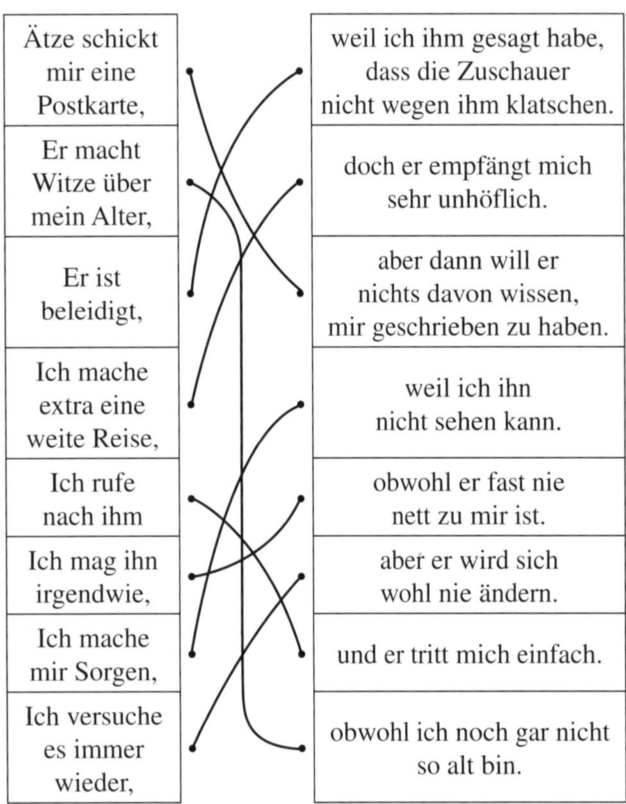

Ätze schickt mir eine Postkarte,	weil ich ihm gesagt habe, dass die Zuschauer nicht wegen ihm klatschen.
Er macht Witze über mein Alter,	doch er empfängt mich sehr unhöflich.
Er ist beleidigt,	aber dann will er nichts davon wissen, mir geschrieben zu haben.
Ich mache extra eine weite Reise,	weil ich ihn nicht sehen kann.
Ich rufe nach ihm	obwohl er fast nie nett zu mir ist.
Ich mag ihn irgendwie,	aber er wird sich wohl nie ändern.
Ich mache mir Sorgen,	und er tritt mich einfach.
Ich versuche es immer wieder,	obwohl ich noch gar nicht so alt bin.

KV Seite 53

Zwei feindselige Freunde

Auf dem vorliegenden Arbeitsblatt geht es um die Wortfamilien „Freund" und „Feind". Durch das Anhängen von Vor- und Nachsilben sowie grammatischen Endungen entstehen eine Vielzahl von „Familienmitgliedern", die alle bedeutungsverwandt sind.

In diesem Zusammenhang erhalten die Kinder einen ersten Einblick in das Stammprinzip als ein wichtiges orthografisches Prinzip, demzufolge alle Wörter, die zu einer Wortfamilie gehören, möglichst gleich geschrieben werden sollen. So ist das Wort leichter erkennbar und lesbar und auch die richtige Schreibung lässt sich einfach herleiten.

Lösung
„Freund": unfreundlich, Freundschaft, Freundin, Freunde, freundlich, (sich) anfreunden, befreundet (sein), (sich) befreunden

„Feind": Feindschaft, Feindin, feindlich, verfeindet (sein), (sich) verfeinden, anfeinden

Weiterführende Ideen

- Die Kinder bilden mit den Wörtern auf dem Arbeitsblatt Sätze oder finden zu weiteren Wortstämmen Wortfamilien, z. B. „Kunst", „Zauber", „kleb", „lach", „Herr".
- Lassen Sie die Kinder entdecken, dass bestimmte Endungen auf bestimmte Wortarten verweisen. So enden auf „-schaft" Nomen, „-lich" zeigt an, dass es sich um ein Adjektiv handelt, und die Endung „-in" kennzeichnet die weibliche Form vieler Nomen. Die Vorsilbe „un-" verkehrt Adjektive in ihr Gegenteil (siehe KV Seite 54).

KV Seite 54

Ganz im Gegenteil

Auf dieser Kopiervorlage beschäftigen sich die Kinder mit der Vorsilbe „un-", die die Bedeutung des Adjektivs, mit dem sie verbunden ist, verneint. Da diese Form der Negation nicht bei allen Adjektiven möglich ist, wählen die Kinder die entsprechenden Wörter aus der Liste aus und ergänzen die korrekte Form in der rechten Spalte. Ist die Kombination des Wortes mit „un-" nicht möglich, so wird ein Strich gemacht. Leistungsstärkere Schüler können das passende Gegensatzwort aufschreiben.

Lösung
unangenehm, unordentlich, unzuverlässig, unpünktlich, unhöflich, ungeduldig, unbescheiden, unfreundlich, unbeliebt

Weiterführende Ideen

- Bei manchen Adjektiven ist einerseits die Zusammensetzung mit „un-" möglich und zugleich existiert ein Gegensatzwort mit einem anderen Wortstamm, z. B. sauber – unsauber – schmutzig, klug – unklug – dumm. Gibt es einen Unterschied zwischen den beiden Gegensatzwörtern? Ist diese Unterscheidung sinnvoll? Finde weitere Adjektive mit mehreren Gegensatzwörtern.
- Manchmal bürgern sich neue Wortbildungen ein, wie beispielsweise ungut, uncool, unschön, die zuvor ungebräuchlich waren. Welche Gründe kann es dafür geben? (z. B. Abgrenzung einer bestimmten Gruppe durch die Sprache, Abschwächung der Bedeutung des Gegenteils, Einführung durch die Werbung)
- Die Kinder untersuchen weitere Adjektive auf die Möglichkeit, sie mit der Vorsilbe „un-" zusammenzusetzen. Welche Gegensatzpaare finden sich noch? Mit den gefundenen Wörtern können Sätze gebildet werden.
- Rätselspiel mit Wortneuschöpfungen aus „Un-" + Nomen: Was ist ein Unberg (Tal), eine Unschönheit (Hässlichkeit), der Unfleiß (Faulheit) usw.?

Mir stinkt's!

Der Geruchssinn ist für zwischenmenschliche Beziehungen sehr wichtig, da er für unbewusst vergebene Sympathien und Antipathien oft ausschlaggebend ist. Dementsprechend geht es in Redewendungen rund um die Begriffe Nase, riechen und stinken auch darum, ob man etwas mag oder nicht.

Lösung

„Ich werde schnellstens abhauen", schimpfte er. Und außerdem störte ihn nicht nur das Schiff.

Das konnte ich doch nicht riechen.	Das konnte ich doch nicht wissen.
Da hast du aber einen guten Riecher gehabt!	Das hast du im Vorhinein genau richtig eingeschätzt!
Das stinkt mir ganz gewaltig!	Das gefällt mir nicht! / Das passt mir nicht!
Er hat eine sehr feine Nase.	Er hat immer das richtige Gespür.
Du solltest schnellstens verduften!	Du solltest schnell verschwinden!
Ätze kann den Zauberer einfach nicht riechen.	Ätze kann den Zauberer einfach nicht leiden.

Weiterführende Idee

Die Kinder erklären weitere Redewendungen aus der Lektüre: „Ich werde den Zauberer so ärgern, dass er an seiner eigenen Wut erstickt", kichert Ätze (Seite 22); „Scher dich zum Teufel, du spinnertes Hutgestell!", schimpft Ätze (Seite 34); „Spinnefeind bin ich dir", faucht Ätze (Seite 39); Ätze will dem Zauberer einen Strich durch die Rechnung machen (Seite 48); „Die tun so, als wäre ich Luft", beschwert sich Ätze (Seite 52).

Der Zirkus bricht die Zelte ab

Die Lückensätze bieten eine kurze Zusammenfassung des Kapitels. Die fehlenden Wörter sind verpurzelt unten auf dem Arbeitsblatt zu finden. In Partnerarbeit entscheiden die Kinder, welches Wort zu welchem Satz passt. Gegebenenfalls kann die Lektüre nochmals zur Hand genommen werden.

Lösung

Amerika, seekrank, Zunge, Zelte, Hafen, winken, Schiff, verduften, Ratte, Plätzchen

Weitere Kopiervorlagen

In der Manege

Auf dieser Kopiervorlage setzen die Kinder mehrsilbige Wörter aus dem Bereich Zirkus passend zusammen. Die „Geheimschrift", die die Ober- und Unterlängen der gesuchten Wörter bereits an den richtigen Stellen anzeigt, ist dabei eine Hilfe.

Zur Einführung bzw. Unterstützung leseschwächerer Schüler können Sie die gesuchten Wörter auf Wortkarten schreiben und diese in Silben zerschneiden. So finden die Kinder zunächst handelnd die Lösungen. Welche sinnlosen, aber dennoch lustigen Wörter lassen sich aus den Silben bilden?

Lösung

Akrobatin, Direktor, Jongleur, Zauberer, Musiker, Pferdedresseur, Trapezkünstler, Schlangenfrau, Messerwerfer, Löwendompteur

Der Zirkus ist da

Dieses Gedicht, das die Ankunft eines Zirkus und eine komplette Vorstellung beschreibt, lässt sich gut mit einer größeren Gruppe und vielleicht sogar der ganzen Klasse einstudieren – ein schöner Programmpunkt z. B. im Rahmen einer von den Kindern selbst gestalteten Zirkusvorstellung. Je nach Anzahl der Sprecher können die Kinder Strophen, Teilstrophen oder einzelne Zeilen vortragen. Die Zeile „allen Leuten, Groß und Klein" wird im Chor gesprochen. Einzelne Sequenzen des Gedichts können parallel zum Vortrag pantomimisch dargestellt werden.

Wenn Sie das Gedicht in seine einzelnen Strophen zerschneiden, können die Kinder in Partner- oder Gruppenarbeit versuchen, anhand des Inhalts dafür eine sinnvolle Reihenfolge zu finden.

Einige Verben sind Ihren Schülern vielleicht noch unbekannt. Erklären Sie diese im Vorfeld, z. B. posieren, schnabulieren, temperieren, blamieren, assistieren, amputieren, imitieren, ramponieren, strapazieren.

Weiterführende Idee

Das Besondere an der formalen Gestaltung des Gedichts sind natürlich die Reimwörter mit der Endung „-ieren" bzw. „-iert", deren Schreibweise vielen Kindern erfahrungsgemäß Probleme bereitet. Folgende Übungen dazu sind denkbar:

- Alle Wörter mit „-ieren"/„-iert" im Text unterstreichen.
- Die gefundenen Wörter nach dem Abc sortieren und aufschreiben.
- Weitere Wörter mit „-ieren" finden und aufschreiben. Eine Wortkartei dazu anlegen.

Ätzender Ätze ärgert ältere ägyptische Äffin

Hier kann das Vergnügen an einem Sprachspiel mit dem Thema Satzumstellung verbunden werden. In der ersten Aufgabe reihen die Kinder die vorgegebenen Wörter so aneinander, dass sie einen grammatikalisch korrekten Satz bilden. Dabei können sich durchaus unterschiedliche Varianten ergeben. Beim Erfinden eigener Sätze überlegen sich die Kinder selbst gezielt Verben, Nomen/Namen, Adjektive/Adverbien und Präpositionen, wobei die Schwierigkeit darin besteht, auch hier alle Wörter im Satz mit dem gleichen Anfangsbuchstaben beginnen zu lassen. Durch diese Vorgabe werden die Sätze meist automatisch etwas „verrückt". Eine in arbeitsteiliger Gruppenarbeit erstellte Wortsammlung erleichtert die Suche nach einem passenden Wort.

Lösung

Acht arme Akrobaten arbeiten abends.
Zehn zahnlose Zauberer zaubern zusammen Zirkuszelte zum Zeppelin.
Der dicke Direktor drückt dummerweise das Dromedar Dodo durch das Dach der Damendusche.

Was ist das denn für ein Zirkus?

Die vertauschten Prädikate und der daraus entstehende Nonsens lenken die Aufmerksamkeit der Kinder auf dieses wichtige Satzglied. Beim mündlichen Ausprobieren können durchaus weitere lustige Unsinnssätze entstehen, bevor die korrekten Sätze aufgeschrieben werden.

Lösung

Der Zauberer <u>poliert</u> seine Schuhe vor dem Auftritt. Der Esel <u>knabbert</u> am Zelteingang seine Belohnungsmöhre. Der Zirkusdirektor <u>dirigiert</u> höchstpersönlich das Orchester. Die Messerwerferin <u>schleudert</u> ihre Messer mit verbundenen Augen. Der starke Max <u>hält</u> ein Pony von 200 kg minutenlang in der Luft. Der Clown Antonio <u>ärgert</u> einen Freiwilligen aus dem Publikum.

Weiterführende Idee

Möchten Sie mit Ihrer Klasse bereits die Funktion anderer Satzglieder ansprechen, dann lassen Sie die Kinder bei den korrigierten Sätzen das Akkusativobjekt mit der Frage „Wen oder was?" erfragen, unterstreichen und anschließend ebenfalls austauschen. Anhand der auch hierbei entstehenden Nonsenssätze (z.B. „Der Esel knabbert einen Freiwilligen aus dem Publikum.") wird den Kindern der Unterschied zwischen Subjekt und Objekt verdeutlicht.

Ätze ist einmalig

Diese Aufgabe erfordert genaues Hinschauen, systematisches Vergleichen und konzentriertes Arbeiten. Die ähnlichen Ätze-Bilder unterscheiden sich in vier Merkmalen: Anzahl der Zähne, Farbe des Zauberstabs, Blickrichtung und Streifen am Bein. Kombiniert man diese Merkmale, lassen sich 16 verschiedene Figuren erzeugen. Auf dem Arbeitsblatt sind 12 davon dargestellt, darunter ein Zwillingspärchen. Echte Knobelfans können deshalb überlegen, welche Ätze-Doppelgänger noch fehlen. Um dies herauszufinden, ist es sinnvoll, eine Tabelle oder einen Entscheidungsbaum anzulegen. So können alle Möglichkeiten systematisch durchprobiert werden.

Lösung

Der geheimnisvolle 17. Clown

Auf dieser Kopiervorlage können die Kinder ihre kombinatorischen Fähigkeiten unter Beweis stellen. Mit Hut, Nase, Mund und Gesicht ergeben sich vier Merkmale, die mit zwei verschiedenfarbigen Stiften ausgemalt werden sollen. Es gibt 16 verschiedene Möglichkeiten, den Clown auszumalen. Die Kinder müssen gut aufpassen, dass sie nicht unfreiwillig einen oder gar mehrere Clowns identisch färben. Dies soll erst beim 17. Clown passieren. Profis behelfen sich mit einer Tabelle oder einem Entscheidungsbaum.

Diese Aufgabe erfordert systematisches Denken und ist daher gut als Differenzierungsangebot für schnelle und leistungsstärkere Schüler geeignet.

Weiterführende Idee

Erweitern Sie die Aufgabe um ein fünftes Merkmal, indem Sie die Kinder auch die Fliege des Clowns ausmalen lassen. Es ergeben sich dann 32 Möglichkeiten. Kopieren Sie dazu die Kopiervorlage ein zweites Mal.

Ätzes Satzweltmeisterschaft

Kopieren Sie die beiden Vorlagen auf farbiges Papier und schneiden Sie die Karten aus. Falls Sie die Karten mehrmals verwenden möchten, bietet es sich an, diese auf festen Karton zu kleben oder zu laminieren.

Zu den Satzgliedern lassen sich je nach Vorwissen im Bereich der Bestimmung der Satzglieder zahlreiche Übungs- und Spielvarianten finden. Der Auftrag an eine Arbeitsgruppe mit zwei bis fünf Kindern könnte entsprechend lauten, ein Spiel zu den Karten zu erfinden. Erfahrungsgemäß werden die Kinder zunächst einmal probieren, aus den Karten Sätze zu legen. Anknüpfend an ihre Kenntnisse, die sie mit gängigen Spielen wie Domino, Mau-Mau, Memory, Scrabble, Rummy usw. haben, entwickeln sie anschließend Regeln: ziehen, merken, anlegen, ablegen, wegnehmen, sammeln. Als Impulse sind Setzleisten, Würfel, DIN-A3-Blätter, Chips und Spielsteine hilfreich.

Aber auch ohne den spielerischen Faktor können Sie das Material für Übungen zur Satzbildung, Umstellung und Satzgliedbenennung einsetzen. Welche Satzglieder gehören zusammen, auf welche kann man verzichten, auf welche nicht?

Die vorliegende Spielvariante wurde mit einer Fördergruppe entwickelt und getestet.

Spielverlauf

Das Spiel „Ätzes Satzweltmeisterschaft“ ist für zwei bis vier Kinder geeignet. Je nach Anzahl der Spieler werden unterschiedlich viele Karten verteilt: Bei zwei Spielern erhält jeder neun Karten, bei drei Spielern sechs Karten und bei vier Spielern fünf Karten. Die restlichen Karten werden verdeckt auf einen Stapel gelegt. Die oberste Karte wird als Startkarte ausgelegt.

Das jüngste Kind darf anfangen. Es legt eine Karte als passendes Satzglied vor oder hinter die Startkarte. Dabei muss darauf geachtet werden, dass sich das Satzglied auf der ersten Position tatsächlich als Satzanfang eignet. Je nachdem, ob der Satz eine Aussage oder eine Frage werden soll, können unterschiedliche Satzglieder den Anfang eines Satzes bilden (z. B. „Der Direktor verfolgt während der Pause den Esel.“ / „Verfolgt der Direktor während der Pause den Esel?“).

Jeder weitere Spieler verlängert den Satz grammatikalisch richtig. Die Satzglieder dürfen dabei umgeordnet werden. Kann ein Spieler keine Karte ablegen, obwohl der Satz noch unvollständig ist, muss er eine Karte vom Stapel nehmen. Passt die Karte in den Satz, darf er sie sofort ablegen. Andernfalls behält der Spieler die gezogene Karte. Er kann dann in dieser Runde keine Karte ablegen und der nächste Spieler ist an der Reihe.

Ist ein Satz vollständig (z. B. „Ätze füttert den Direktor.“) und der nächste Spieler kann den Satz nicht erweitern (z. B. „Ätze füttert den Direktor in der Pause.“), muss dieser Spieler zwei Karten ziehen, darf aber einen neuen Satz beginnen. Im Folgenden darf nur noch an diesem Satz weitergelegt werden.

Die Ätze-Bildkarten können als Joker für alle Satzglieder eingesetzt werden, z. B. Ätze – ätzt – den Ätze – ätzend mal – auf ätzende Weise – ätzend lange – auf dem Ätze-Buch.

Sieger ist, wer als Erster alle seine Karten ablegen kann. Die Anzahl der Karten, die die anderen Spieler noch in den Händen halten, zählt für sie als Minuspunkte.

lesen **schreiben** rätseln **malen** spielen singen

Name:

Das ist Ätze

So sieht Ätze aus:

Größe:

So sieht sich Ätze selbst:

So ist Ätze:

Das macht Ätze besonders gern:

Das trinkt Ätze besonders gern:

Ätzes Lieblingsgeruch:

Das sind Ätzes Freunde:

Da lebt Ätze gern:

Das mag Ätze überhaupt nicht:

Ätze zum Selberbasteln

Du brauchst:

- Wollreste
- Pappe
- 40 cm Pfeifenputzer
- farbiges Tonpapier
- Bleistift
- Schere
- Farbstifte
- Klebstoff

So geht's:

1. Bastle für Ätzes Bauch einen Pompon. Stelle dafür mithilfe der Schablone, die du von deinem Lehrer oder deiner Lehrerin erhältst, zwei Pappringe her.
2. Lege die beiden Pappringe genau aufeinander und umwickle sie gleichmäßig mit Wolle, bis das Loch in der Mitte ganz ausgefüllt ist. Schneide dann die Wolle zwischen den beiden Pappringen mit einer Schere außen herum auf.
3. Lege zwischen die beiden Pappringe einen langen Wollfaden (ca. 30 cm) und knote ihn fest.
4. Schneide den Pfeifenputzer in zwei Teile, sodass ein Stück 30 cm lang ist, das andere 10 cm. Wickle das längere Stück so zwischen die Pappringe, dass die beiden herunterhängenden Enden zwei Beine von Ätze bilden. Verdrille für das dritte Bein das kürzere Stück Pfeifenputzer an den anderen beiden Beinen.
5. Entferne die Pappringe.
6. Schneide die Vorlagen für Ätze und die Schuhe aus, klebe sie auf Pappkarton und schneide sie nochmals aus.
7. Lege diese Schablonen auf farbiges Tonpapier, umfahre sie und schneide sie aus.
   Denk dran: Du brauchst drei Schuhe!
8. Male Ätzes Hut farbig aus und zeichne sein Gesicht auf. Klebe den Ätze-Körper in den Spalt zwischen den beiden Pomponhälften.
9. Falte die Schuhe in der Mitte.
   Klebe sie an Ätzes Beine.

Name:

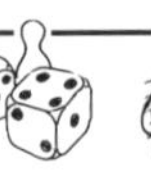

lesen schreiben rätseln **basteln** spielen **singen**

Ätze-Rap

Schneide die Karten mit dem Text aus. Bringe sie in die richtige Reihenfolge. Die Reime und Kästchen helfen dir dabei. Klebe die Textkarten auf.

1. Strophe

Ich wasch mich nicht, weil ich gern stinke. Pups oder Furz, das ist mir schnurz. Ich bin mies, ich bin fies

2. Strophe

hat mich noch nie angelogen. Kuscheln und Küssen, find ich beschissen. Ärgern und Streiten, das mag ich leiden.

Refrain

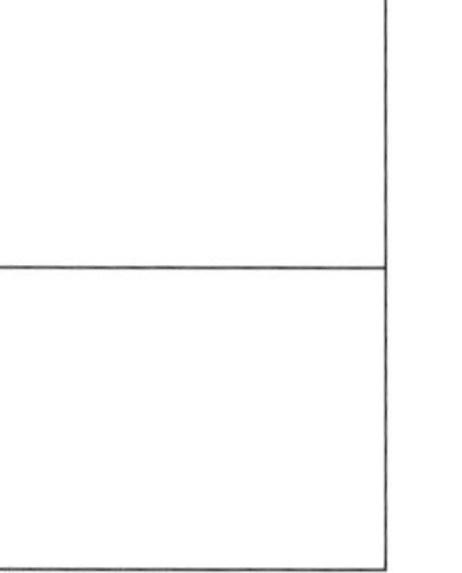

✂

und ich mag vor allem dies: Streiche aushecken, Sachen verstecken, Ecken verdrecken, Tinte schlecken.	Ich wasch mich nicht, weil ich gern stinke. Pups oder Furz, das ist mir schnurz. Ich bin mies, ich bin fies
hat schon vieles angestellt … Die nächsten Streiche plan ich schon, rettet euch und lauft davon!	Ich mag Ärger, ich mag Streit, und Igitte tut mir leid. Sie ist so lieb und gut erzogen,
Ich bin Ätze und ich schätze Schmutz und Dreck und dunkle Plätze. Ich trink kein Wasser, sondern Tinte.	hat mich noch nie angelogen. Kuscheln und Küssen, find ich beschissen. Ärgern und Streiten, das mag ich leiden.
Ich bin Ätze, bin ein Knüller, und ein echter Tintenkiller.	Ich hoffe, dass euch vor mir graut! Fürchtet euch, kriegt Gänsehaut! Das größte Monster dieser Welt

Name:

Eine feine Gesellschaft

Wer macht was? Trage die Wörter ein.

1. Wer sitzt auf dem Mülltonnenhäuschen?
2. Wer blickt gelangweilt auf?
3. Wer schmunzelt?
4. Wer lässt verächtlich ein Kügelchen fallen?
5. Wer kichert?
6. Wer trippelt vorbei?
7. Wer hustet und sagt, dass Ätze nicht hierher passt?
8. Wer sagt, dass ein ordentliches Getränk rot und warm sein muss?

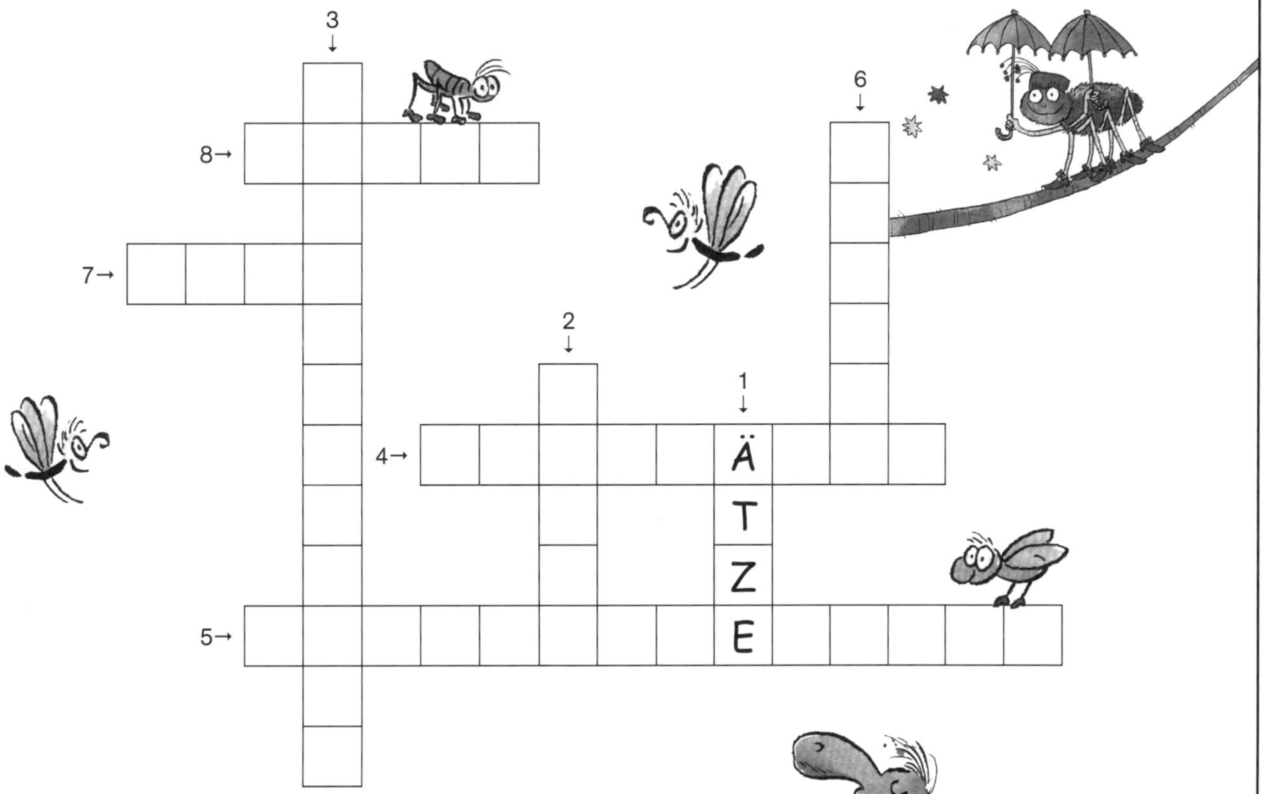

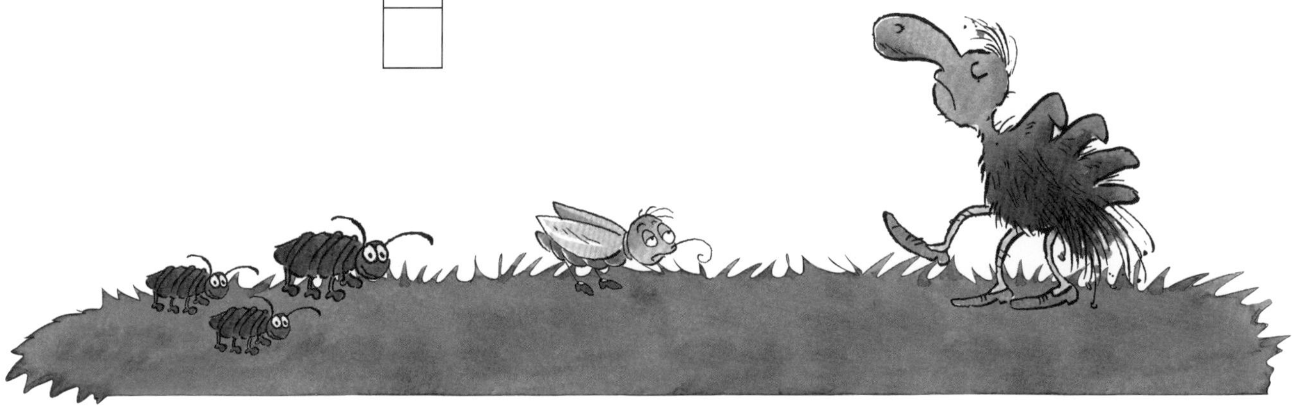

3 ↓ 8→ 7→ 6 ↓ 2 ↓ 1 ↓ 4→ Ä T Z E 5→

Name:

lesen schreiben rätseln **basteln** spielen singen

Ätze, die Schnüffelnase

Alle Dinge auf den Wortkarten kannst du riechen. Wie findest du ihren Geruch? Und was meint Ätze? Schneide aus und ordne zu.

Ich

Ätze

✂

Pferdemist	Putzmittel	Pferdemist	Putzmittel
Kakao	Tinte	Kakao	Tinte
Heu	Tonis Reitstiefel	Heu	Tonis Reitstiefel
Spaghetti mit Tomatensoße	Parfüm	Spaghetti mit Tomatensoße	Parfüm
Blume	Mülltonne	Blume	Mülltonne

Name:

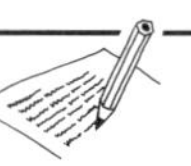

Schule auf Rädern

Lies den Text aufmerksam durch.

Ich heiße Gino. Ich bin 9 Jahre alt und besuche die Schule für Zirkuskinder. Unsere Lehrerin Julia kommt zweimal in der Woche zu uns. Sie bringt den Klassenraum gleich mit. Er hat Räder, denn er ist ein Wohnmobil. In meiner Klasse sind außer mir noch Mariella (6), Lorenzo (8), Armin (12) und Maria (16). Mariella und Armin sind meine Geschwister, Lorenzo ist mein Cousin und Maria meine Cousine. Wir sind nämlich ein Familienzirkus.

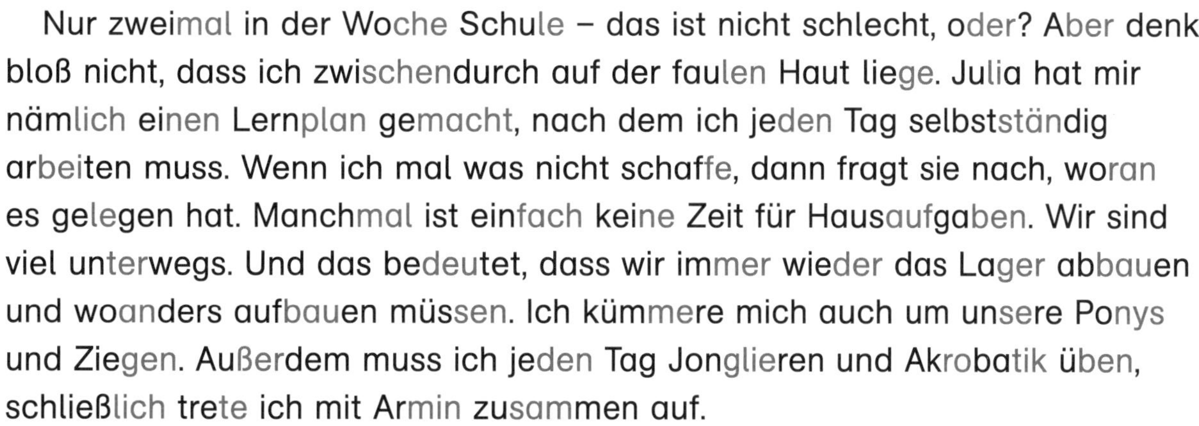

Nur zweimal in der Woche Schule – das ist nicht schlecht, oder? Aber denkt bloß nicht, dass ich zwischendurch auf der faulen Haut liege. Julia hat mir nämlich einen Lernplan gemacht, nach dem ich jeden Tag selbstständig arbeiten muss. Wenn ich mal was nicht schaffe, dann fragt sie nach, woran es gelegen hat. Manchmal ist einfach keine Zeit für Hausaufgaben. Wir sind viel unterwegs. Und das bedeutet, dass wir immer wieder das Lager abbauen und woanders aufbauen müssen. Ich kümmere mich auch um unsere Ponys und Ziegen. Außerdem muss ich jeden Tag Jonglieren und Akrobatik üben, schließlich trete ich mit Armin zusammen auf.

Wenn wir in unserem Schulwagen Pause machen, bringen wir Julia draußen auf der Wiese neue Tricks bei. Sie gibt sich wirklich Mühe. Nicht nur mit den Jonglierkeulen, auch mit uns. Mariella lernt bei ihr gerade Lesen und Maria macht eine Homepage über chemische Zaubertricks. Ich schreibe im Moment an einem Aufsatz über die Geschichte meiner Familie. Armin rechnet schon bis 1 Million. Jeder macht etwas anderes, alles bei einer Lehrerin. Aber manchmal arbeiten wir auch zusammen an einem Projekt.

Ich will später mal einen richtigen Schulabschluss machen. Deswegen strenge ich mich an. Noten bekomme ich im Moment zwar nicht, aber einen langen Zeugnisbericht. Wenn ich groß bin, übernehme ich vielleicht unseren Zirkus. Ich hoffe, es gibt ihn dann noch.

Was ist in der Zirkusschule anders als bei dir? Lies noch einmal und unterstreiche. Erzähle.

Name:

lesen **schreiben** rätseln basteln spielen singen

Ätze, das Tintenmonster

Kreuze die richtigen Antworten an.
Es sind immer mehrere!

1. Zu Beginn der Geschichte ist Ätze schlecht gelaunt und wütend. Warum?

☐	Die anderen Tiere fürchten sich nicht vor ihm.	③	der
☐	Die anderen Tiere machen sich über ihn lustig.	⑤	ben
☐	Die Mücke bietet ihm ein Gläschen Blut an.	⑦	tel
☐	Er hat lange keine Tinte mehr getrunken.	⑥	Zir

2. Wieso hofft Ätze, auf einer Zirkuswiese Tinte zu bekommen?

☐	Im Bürowagen des Zirkusdirektors steht eine große Tintenflasche.	⑥	Mar
☐	Einem Zirkuskind ist eine Tintenpatrone aus der Schultasche gefallen.	①	Ihr
☐	Ätze sieht zwei Kinder mit Schultaschen über die Zirkuswiese laufen.	②	Kin
☐	In einem der Wagen befindet sich eine Schule.	⑦	kus

3. Was macht Ätze während des Englischunterrichts?

☐	Er legt sich gemütlich auf einen alten Schal.	⑤	gen
☐	Er trinkt eine Tintenpatrone leer.	①	Wir
☐	Er macht sich über die Lehrerin lustig.	③	ker
☐	Er schläft neben Tonis Füßen ein.	④	lie

Trage die Silben der richtigen Antworten in die Kästchen ein.
Hast du alles richtig angekreuzt, erhältst du einen Lösungssatz.

①		②	③		④	⑤		⑥	⑦
☐		☐	☐		☐	☐		☐	☐ .

Name: 

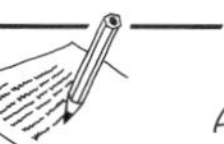
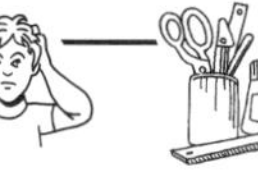

lesen **schreiben** rätseln basteln spielen singen

Ein grässliches Monster

Manchmal braucht man mehr als ein Wort, um etwas zu beschreiben. Nicht nur bei Ätze!

Was passt zusammen? Verbinde.

grässlich, haarig, grünäugig, dreibeinig •	• Clown Antonio
weltberühmt, magisch, unübertroffen •	• Monster Ätze
bunt gekleidet, lustig, tollpatschig •	• Spinne Igitte
langbeinig, dünnhaxig, spillerig •	• Dresseurin Toni
hinreißend, anmutig, bezaubernd •	• Seiltänzerin Tarantella
nach Pferdemist duftend, sportlich, tierlieb •	• Zauberer Hipponosius

Setze die Wörter in der richtigen Form ein. Markiere die Endungen. Vergiss nicht die Kommas zwischen den Adjektiven.

der bunt gekleidete, lustige, tollpatschige Clown Antonio

das ______________________ Monster Ätze

die ______________________ Spinne Igitte

die ______________________ Dresseurin Toni

die ______________________ Seiltänzerin Tarantella

der ______________________ Zauberer Hipponosius

Name:

lesen schreiben rätseln basteln spielen singen

Ätze und Toni

Kreise jeweils das passende Wort ein.

Toni entdeckte Ätze auf dem Küchentisch und rief **zornig / überrascht / beleidigt**: „Was suchst du denn hier?"

„Hast du nicht vorhin meine superschrille, pfefferscharfe Monstershow gesehen?", antwortete Ätze **blitzschnell / lachend / gekränkt**.

Verblüfft / Zufrieden / Genüsslich antwortete Toni: „Nö!"

Ätze berichtete von seinem Auftritt.

Toni lachte und erzählte Ätze, dass der Zauberer **puterrot / himmelblau / kreidebleich** aus der Manege gestürzt ist.

„Tja, das war ich!", sagte Ätze und reckte seine dicke, lange Schnüffelnase **schnüffelnd / stolz / genießerisch** in die Luft.

„Das geschieht dem Zauberer recht!", meinte Toni **zufrieden / nachdenklich / gehässig** und erzählte Ätze, wie **klug / eingebildet / beliebt** der Zauberer ist.

Ätze schlug Toni vor, sie zu beschützen. Darüber musste Toni lachen.

„Unterschätze mich nicht!", sagte Ätze.

Er plusterte sich auf und rollte **seufzend / furchterregend / sorgfältig** mit seinen grün leuchtenden Glupschaugen. „Na gut", stimmte Toni Ätzes Vorschlag seufzend zu.

Hast du alles richtig gemacht? Vergleiche mit dem Kapitel „Ätze findet ein Monsternest".

Name:

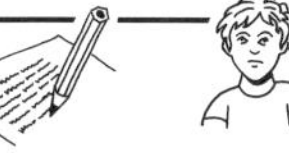
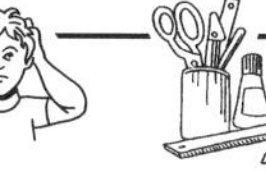

lesen schreiben rätseln basteln spielen singen

Ätzes Postkarte an Igitte

Setze die fehlenden Wörter jeweils an der richtigen Stelle ein. Fünf Wörter passen nicht.

Zylinder ganz Erfolg klatschen ~~sendet~~ gibt kennst an Zauberer Spaß schön Ätze Bekannten

Hallo Igitte,

grässliche Grüße aus dem Zirkus sendet Dir Dein Ätze. Wie geht's Dir, alte Schachtel? Ja, Du hast richtig gelesen: Ich bin jetzt im Zirkus! Bei der ersten Vorstellung wollten die Leute gar nicht mehr aufhören zu __________. Ich war nämlich äußerst elegant einem __________ mit dem merkwürdigen Namen Makrocosimus Hipponosius aus dem __________ gesprungen. Ein äußerst unsympathischer Knabe, mit dem ich noch viel __________ haben werde. Du __________ mich ja. Übrigens wohne ich jetzt bei einer alten __________ von mir. Sie heißt Toni und hat mich gebeten, sie zu beschützen. Komm doch mal vorbei, damit Du Dich mit eigenen Glupschaugen von meinem __________ überzeugen kannst.

Dein Ätze (Zirkusmonster)

Makrocosimus Hipponosius – völlig verwirrt

Jetzt dreht der Zauberer völlig durch. Nicht genug, dass Ätze ihm alles vertauscht. In seinem Bericht wirft er nun auch selbst alles durcheinander.

Es ist kaum zu fassen.
Alle Nummern missglücken mir.
Aus meinem Zylinderhut kommt keine Taube, sondern Fliegenleim. Aus dem Goldfischglas grinst mich statt des Goldfischs ein Konfettiregen an. Dieses Monster hat mir den Zauberstab mit Juckpulver beschmiert und einen Rollmops in die Lackschuhe gelegt.
Sogar vor meinem Privatleben macht es nicht halt. Als ich abends schlafen gehen wollte, war mein Schlafanzug voller Reißnägel.

Wie ist es wirklich? Schreibe auf.

„Es ist kaum zu fassen. Alle Nummern missglücken mir. Aus meinem

Zylinderhut kommt ______________________________

____

____

____

____

____

____

______________________________“

Verliebte Büroklammern

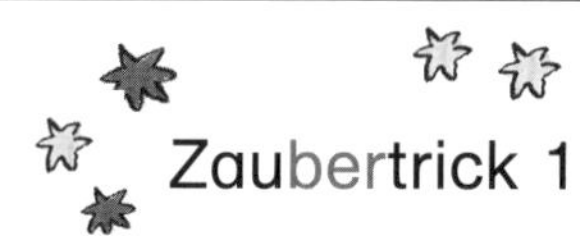

„Verliebte Zirkusleute – das ist nichts Besonderes", meint der Zauberer Hipponosius. „Ich kann machen, dass sich zwei Büroklammern verlieben."

Du brauchst:

- 2 Büroklammern
- Blatt Papier

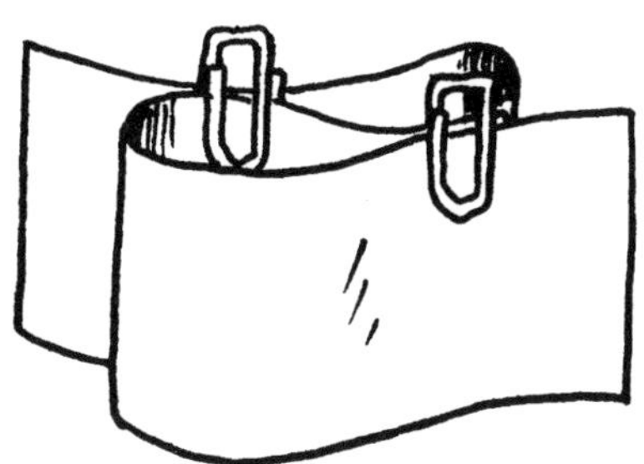

So geht's:

1. Stecke die beiden Büroklammern so auf den Papierstreifen, wie du es auf dem Bild siehst.
2. Ziehe dann den Streifen langsam auseinander.

Die beiden Büroklammern sind anschließend innig verschlungen. Noch besser klappt es, wenn du das Blatt mit vielen roten Herzen bemalst.

Kuschli, Schmusi dreimal piep – ihr zwei Drähte habt euch lieb.

Der Tintengeist

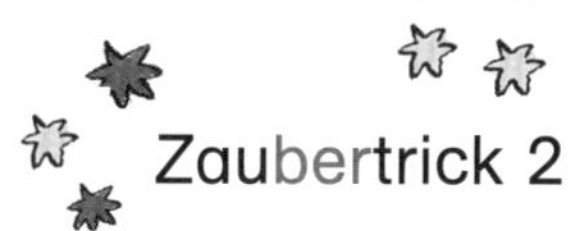

„Das will ein Tintenmonster sein?", brummt Hipponosius, als Ätze ihn mal wieder geärgert hat. „Höchste Zeit, dass ich meinen Tintengeist beschwöre."

Du brauchst:

- Tintenpatrone
- Knete
- Schere
- Glas mit heißem Wasser
- Glas mit Eiswasser

Heißgeliebtes Trampeltier – Tintengeist, erscheine mir!

So geht's:

1. Lege die Tintenpatrone einige Minuten ins heiße Wasser. Forme inzwischen die Knetmasse zu einem kleinen „Berg".
2. Gieße das Wasser ab, hole die Patrone heraus. Stopfe sie in die Knetmasse. Schneide die Patrone oben auf.
3. Stelle nun die Knetmasse mit der Patrone vorsichtig in das Eiswasser.

Siehst du den Tintengeist aus seinem Fläschchen aufsteigen?

Das trockene Taschentuch

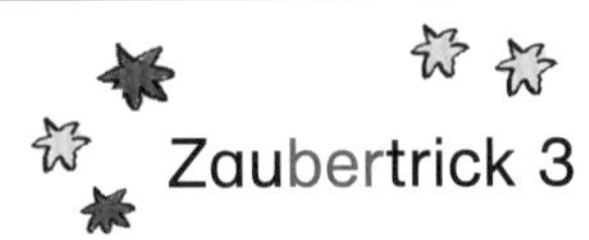

Zauberer haben ständig Schnupfen, weil es im Zirkuszelt so zieht. Deshalb geht auch Hipponosius nie ohne Taschentuch in die Vorstellung. Gerne zeigt er den Trick, wie er das Taschentuch unter Wasser hält, ohne dass es nass wird.

Du brauchst:

- Taschentuch
- Glas
- tiefe Glasschüssel mit Wasser

So geht's:

1. Stopfe das Taschentuch in ein Glas.
2. Halte das Glas mit der Öffnung nach unten in die Glasschüssel.
3. Hole das Glas aus dem Wasser.

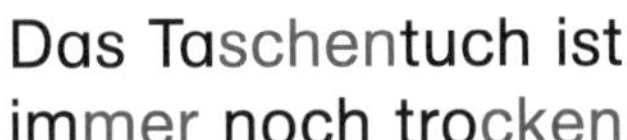

Das Taschentuch ist immer noch trocken.

Kung-Fu mit Gefühl

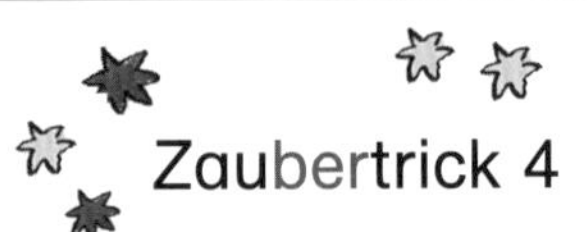

Hipponosius behauptet, er kann Kung-Fu: „10 Frühstücksbrettchen übereinander zu zerschlagen, das ist was für Anfänger. Ein guter Zauberer zerschlägt mit viel Gefühl einen Zahnstocher." Das braucht ganz schön viel Übung!

Du brauchst:

- Zahnstocher
- 2 Stifte
- Lineal

So geht's:

1. Lege den Zahnstocher so auf die zwei Stifte, wie du es auf der Abbildung siehst.
2. Schlag mit dem Lineal kräftig auf den Zahnstocher.

Die Stifte bewegen sich überraschenderweise nicht, der Zahnstocher zerbricht.

Kung-Fu, Karate,
Zauberei –
kleines Holz,
brich nun entzwei!

Name:

lesen **schreiben** rätseln basteln spielen singen

Stauberzab und Schackluhe

Ein Stauberzab? Was soll das sein? Und Schackluhe? Bestimmt haben diese Wörter etwas mit Ätze zu tun, diesem Keufelsterlchen.

Wie heißen die Wörter richtig? Teile das Wort in zwei Wörter und vertausche den ersten Laut. Vergleiche deine Wörter mit den zusammengesetzten Nomen im Kapitel „Ätze als Zirkusmonster“.

Stauber | zab

Zauberstab

Schack | luhe

Lackschuhe

Kost | parte

P ______ k ______

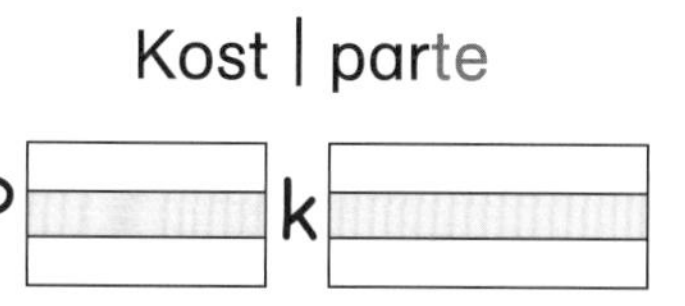

Hylinder | zut

Z ______ h ______

Ronfetti | kegen

K ______ r ______

Mollrops

______

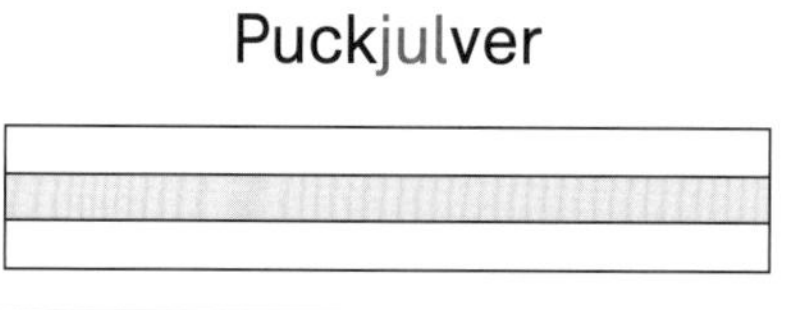

Puckjulver

______

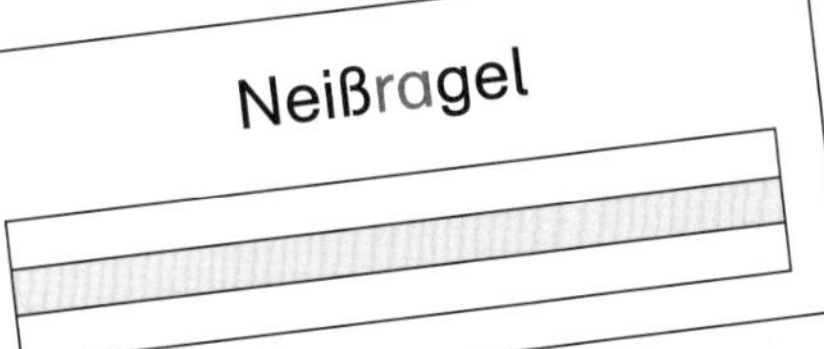

Neißragel

______

„Zirkuszelt“ – Warum klappt hier das Vertauschen nicht? Auf Seite 28 gibt es ein weiteres ähnliches Wort. Schreibe es auf.

______

Name:

lesen **schreiben** rätseln basteln spielen singen

Gedankenlesen (1)

Was denken die Personen auf den Bildern? Schreibe auf.

Name:

lesen schreiben rätseln **basteln** spielen singen

Gedankenlesen (2)

Wer denkt was? Zu jedem Bild auf der Seite 36 passt genau eine Gedankenblase. Schneide aus, ordne richtig zu und klebe ein.

✂

Endlich mal
ein Publikum,
das mein Können
zu schätzen weiß!

Was die vielen Kinder
hier wohl machen?

Das klappt ja alles
wie am Schnürchen …
Was bin ich doch für ein
hervorragender Zauberer!

Wie schade, dass
Igitte nicht weiß,
dass ich jetzt
Teufelskerlchen heiß.

Puh … zum Platzen satt
bin ich! Außerdem
riecht es hier
auch höllisch gut
nach Pferdemist.

Verflixt und zugenäht!
Heute geht aber auch
alles schief!

Hier bekomme ich
auf alle Fälle Tinte.

Wie gut, dass Igitte
nicht da ist –
die hätte mir
gerade noch gefehlt!

Name:

lesen **schreiben** rätseln basteln spielen singen

Ätze im Zirkus

Beantworte die Fragen in vollständigen Sätzen. Du kannst auch auf den Seiten 16 bis 29 noch einmal nachlesen.

1. Der Zauberer erschrickt, weil Ätze bei seiner Zaubernummer aus dem Zylinder springt. Wen wollte er eigentlich da herauszaubern?

Eigentlich wollte er

2. An wen denkt Ätze, als er sich über den Applaus freut?

3. Toni erzählt Ätze, wie unbeliebt der Zauberer bei den anderen Zirkusleuten ist. Warum ist er so unbeliebt?

4. Was verspricht Ätze Toni als Gegenleistung dafür, dass er bei ihr wohnen darf?

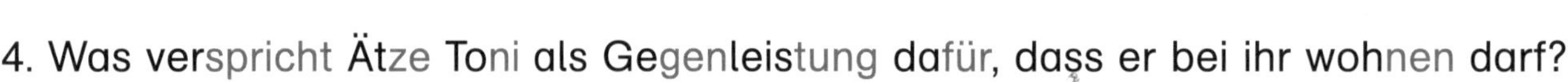

5. Mit welchen Methoden versucht der Zauberer, Ätze zu erwischen?

6. Was findet Ätze schade, als Toni ihn Teufelskerlchen nennt?

Er findet es schade, dass

Name:

lesen schreiben **rätseln** basteln spielen singen

Die Spinne im Verkehrsnetz

Es dauerte eine Weile, bis sich Igitte im Verkehrsnetz zurechtfand.
Aber jetzt weiß sie Bescheid.

Male Igittes Weg zum Zirkus *Spirelli* nach. Folge den Pfeilen.

ZIRKUS

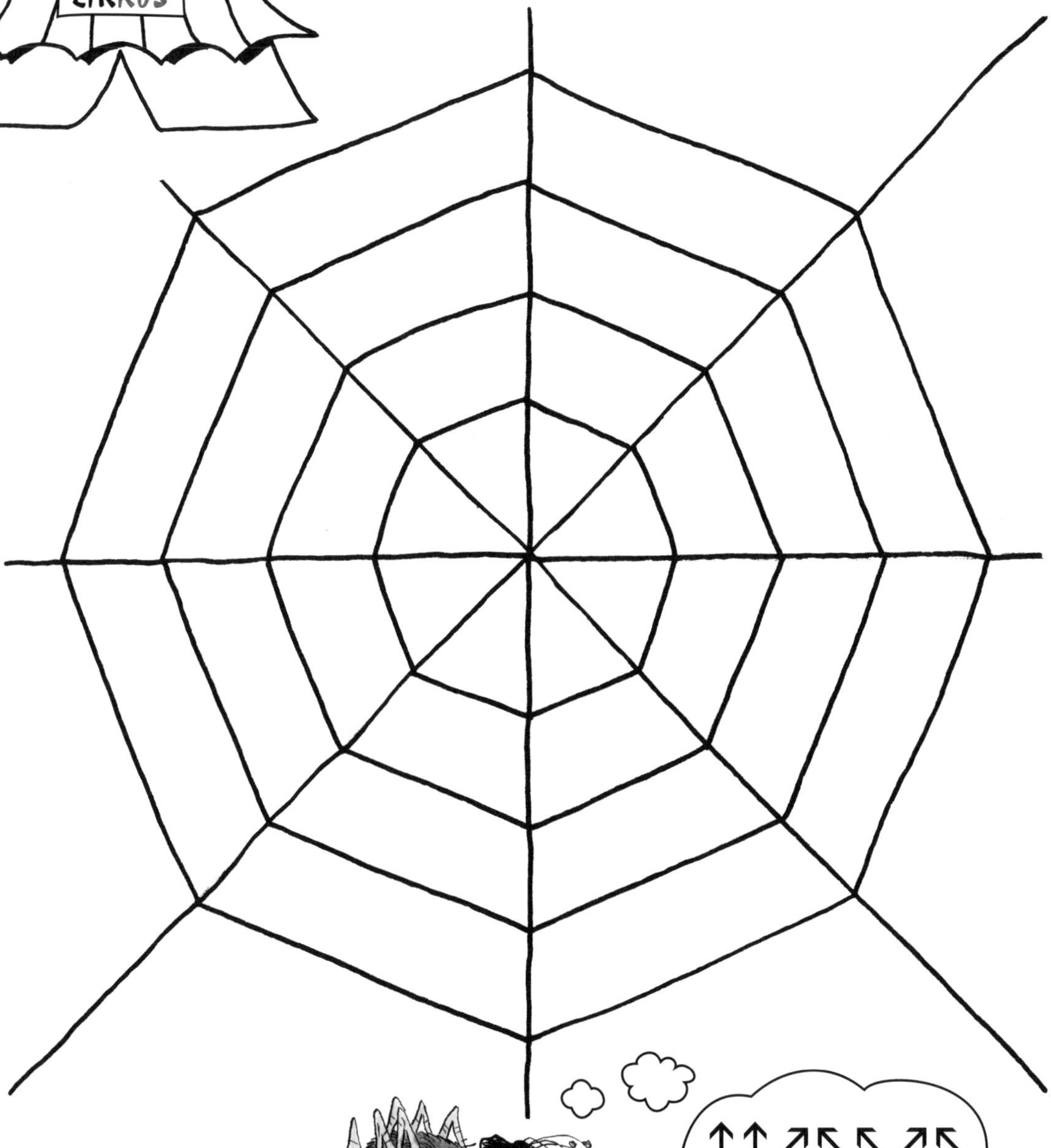

↑ ↑ ↗ ↖ ↖ ↗ ↖

↗ ↖ ↑ ↙ ↖ ↖

Igitte zum Selberbasteln

Du brauchst:

- Wollreste
- Pappe
- farbiges Tonpapier
- 4 Pfeifenputzer (50 cm lang)
- Bleistift
- Schere
- Klebstoff

So geht's:

Bauch

1. Bastle für Igittes Bauch einen großen Pompon. Stelle dafür mithilfe der Schablone, die du von deinem Lehrer oder deiner Lehrerin erhältst, zwei Pappringe her.
2. Lege die beiden Pappringe genau aufeinander und umwickle sie gleichmäßig mit Wolle, bis das Loch in der Mitte fast ausgefüllt ist.
3. Stecke durch das Loch die vier Pfeifenputzer, sodass die Enden der Pfeifenputzer auf jeder Seite gleich lang sind.
4. Schneide die Wolle zwischen den beiden umwickelten Pappringen mit einer scharfen Schere außen herum auf.
5. Lege zwischen die beiden Pappringe einen Wollfaden von mindestens 30 cm Länge und knote ihn fest.
6. Entferne die Pappringe.

Kopf

1. Bastle für Igittes Kopf einen kleinen Pompon. Stelle dafür mithilfe der Schablone, die du von deinem Lehrer oder deiner Lehrerin erhältst, zwei Pappringe her.
2. Bastle den Pompon, indem du die Schritte 2, 4, 5 und 6 der Bastelanleitung für den Bauch wiederholst.

Verbindung und Fertigstellung

1. Binde mit dem heraushängenden Wollfaden des Kopf-Pompons den Kopf an den Bauch.
2. Biege die Pfeifenputzer so, wie du es auf der Abbildung oben siehst.
3. Schneide die Vorlage für die Schuhe aus und übertrage sie sechsmal auf Tonpapier. Schneide die Schuhe aus und falte sie in der Mitte. Klappe die Schuhe jeweils unten um die hinteren sechs Beine und klebe sie fest.

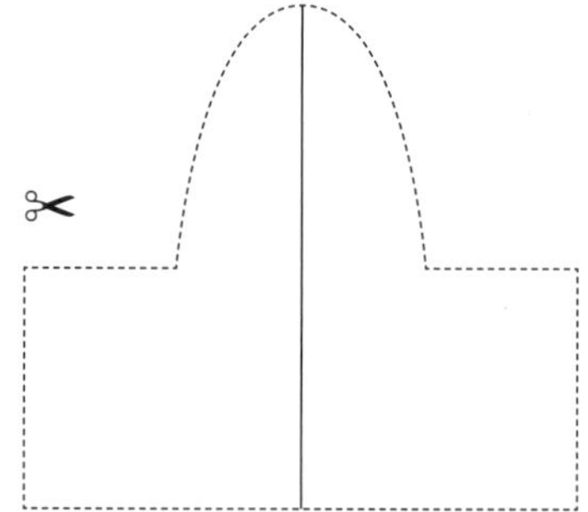

Name:

lesen schreiben **rätseln** basteln spielen singen

Wo ist Ätze?

Igitte hat den Zirkus gefunden. Doch in welchem Wagen befindet sich Ätze?

Hilf Igitte, Ätzes Wagen zu finden.

Der Wagen, in dem sich Ätze befindet, hat keinen Schornstein.

Links von Ätzes Wagen steht ein Wagen mit 4 Rädern.

Direkt rechts von Ätzes Wagen steht kein Pony.

Der Wagen links von Ätzes Wagen hat eine Fahne auf dem Dach.

Ätzes Wagen hat keine Fenster.

Name:

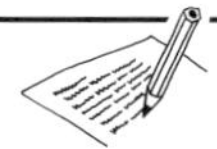

lesen **schreiben** rätseln basteln spielen singen

Es darf geschimpft werden

Du alte, dünnhaxige Schreckschraube! Spinnertes Hutgestell! Spillerige Hupfdohle! Flohscheuche!

Pappnase! Blöder Angeber! Du alter Kotzbrocken!

Bastle mit den Wörtern aus den Tintenfässern Beschimpfungen.

Knackwurst, Tasse, Schachtel, Würstchen, Waschlappen, Flasche, Pflaume, Fruchtzwerg, Nuss

lahm, dumm, alt, blöd, bescheuert, trübe, falsch, feige, beknackt, klein, eingebildet, elend, taub, doof

Wurm, Trampeltier, Schlange, Ratte, Esel, Affe, Kuh, Kröte, Ziege, Kamel, Nebelkrähe, Mistkäfer, Schaf, Hund, Huhn, Ferkel, Ochse

Du kleiner, eingebildeter Fruchtzwerg!

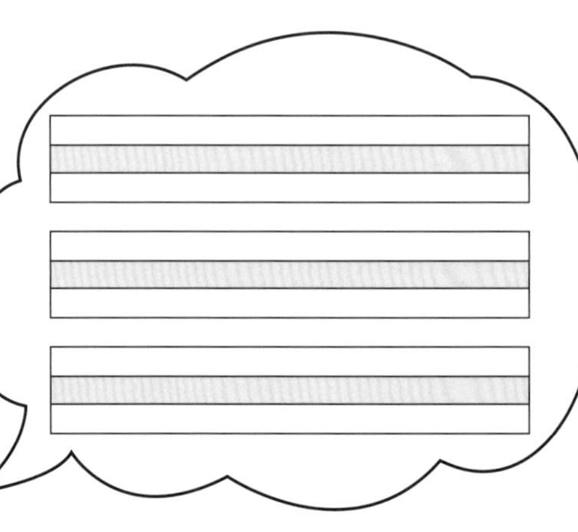

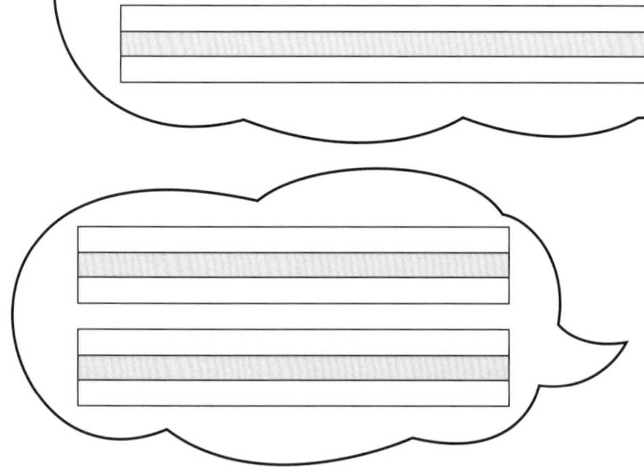

Name:

lesen schreiben **rätseln** basteln spielen singen

Uralte Freunde

Wahr oder falsch? Kreise jeweils den richtigen Buchstaben ein.

	wahr	falsch
1. Igitte überlegt lange, ob sie Ätze wirklich besuchen soll.	W	H
2. Igitte benutzt den Bus, um zur Festwiese zu kommen.	E	A
3. Beim Aussteigen bleibt ihr hinterer rechter Fuß in der Tür hängen.	H	Z
4. Igittes Hut wird vom Busreifen platt gedrückt.	L	S
5. Als Igitte ankommt, geht gerade die Sonne auf.	E	C
6. Die Spinne fragt alle Tiere nach Ätzes Wohnwagen.	I	H
7. Die Fledermaus kann ihr nicht sagen, wo Ätze ist.	W	D
8. Igitte denkt beim Einschlafen an Ätze.	L	K
9. Igitte findet Ätze in Tonis Wohnwagen und wird herzlich begrüßt.	N	L
10. Igitte merkt schnell, dass sich Ätze nicht verändert hat.	K	D
11. Ätze stellt Igitte als Erstes den Zauberer Hipponosius vor.	E	M
12. Ätze macht sich Sorgen, weil der Zauberer ihm nach dem Leben trachtet.	R	M
13. Toni berichtet, dass der Direktor ihre Nummer mit dem Clown Antonio vielleicht ins Programm aufnehmen wird.	E	O

Trage die Buchstaben der Reihe nach ein.
Wenn du alles richtig angekreuzt hast,
erhältst du zwei Lösungswörter.

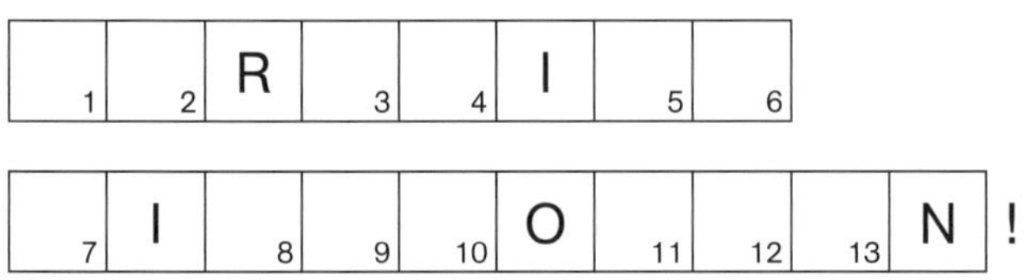

Unsichtbare Tinte

Geheime Nachrichten 1

Du brauchst:

- einen alten Füller
- eine leere Tintenpatrone
- Zitronensaft, Essig oder dünnen Tee

So geht's:

1. Reinige den Füller und wasche eine Patrone mit Wasser aus.
2. Drücke die Patrone etwas zusammen und halte sie in die Flüssigkeit (Zitronensaft, Essig oder dünner Tee).
3. Verringere dann den Druck auf die Patrone. Sie beult sich nun wieder aus und saugt die Geheimtinte auf.
4. Stecke die Patrone in den Füller – und los geht's!

Um deine Nachricht lesen zu können, muss der Empfänger den Brief erwärmen. Er kann ihn zum Beispiel auf die Heizung oder in den Backofen (50 Grad) legen oder mit dem heißen Bügeleisen bügeln. Die Schrift verfärbt sich dann braun und wird dadurch lesbar.

Geheimschrift

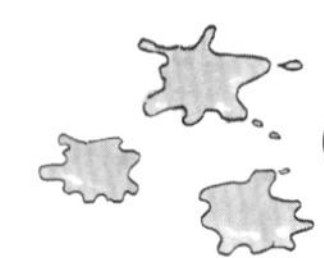

Geheime Nachrichten 2

So geht's:

Für jeden Buchstaben wird ein anderer Buchstabe verwendet. Bei unserer Geheimschrift ist z. B. A = D. Um einen Buchstaben zu entschlüsseln, suchst du ihn auf dem inneren Ring. Der dazugehörige Buchstabe auf dem äußeren Ring ist die „Übersetzung".

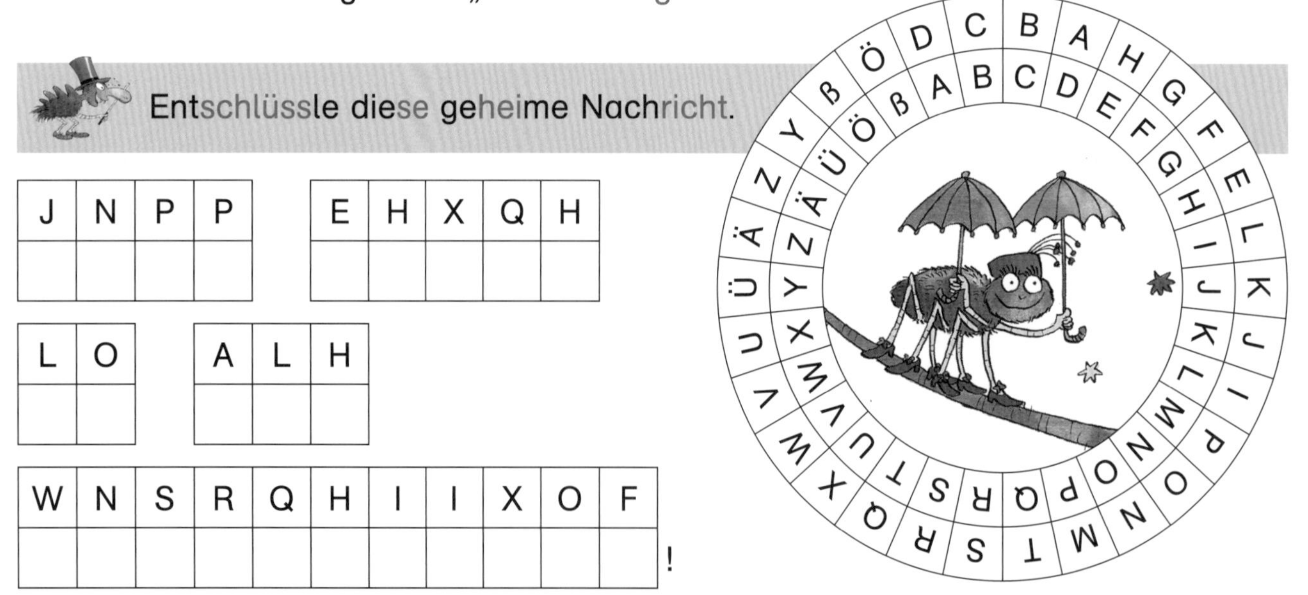

Entschlüssle diese geheime Nachricht.

J	N	P	P

E	H	X	Q	H

L	O

A	L	H

W	N	S	R	Q	H	I	I	X	O	F

!

Meine Verschlüsselungsmaschine

Bastle eine Verschlüsselungsmaschine. Dann kann deine geheimen Nachrichten nur der lesen, für den sie bestimmt sind.

Du brauchst:

- Schere
- Pappe
- Klebstoff
- Musterklammer
- Nadel

So geht's:

1. Schneide die beiden Scheiben aus.
2. Klebe sie auf die Pappe. Schneide die Pappscheiben aus.
3. Stich mit einer Nadel ein kleines Loch in die Mitte jeder Scheibe.
4. Lege die kleinere Scheibe auf die größere. Stich die Musterklammer von oben nach unten und verbinde so die beiden Scheiben.

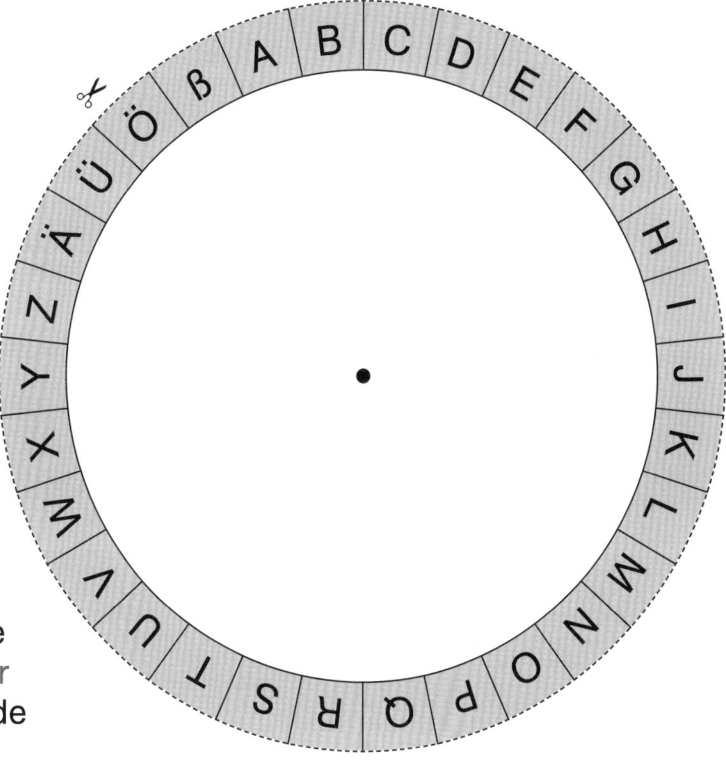

So kannst du Nachrichten verschlüsseln und entschlüsseln:

1. Die äußere Scheibe zeigt das „echte" Alphabet. Lege mit der inneren Scheibe die Verschlüsselung fest, z. B. A=D.
2. Teile deinem Freund diesen Code mit. Um die Nachricht zu entschlüsseln, dreht er die innere Scheibe auf den genannten Anfangsbuchstaben und kann so für jeden Buchstaben den entsprechenden Buchstaben auf der inneren Scheibe ablesen und aufschreiben.

Name:

lesen schreiben rätseln basteln spielen singen

Immer der Reihe nach

Stelle die folgenden Sätze um und schreibe sie auf. Es gibt verschiedene Möglichkeiten.

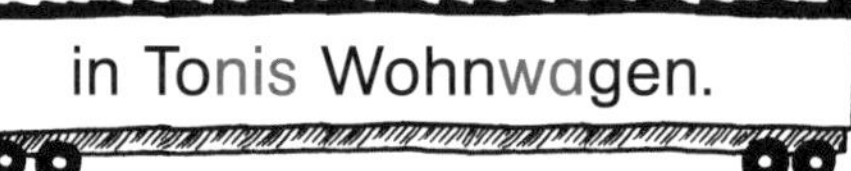

Ätze und Igitte wohnten nun in Tonis Wohnwagen.

In Tonis Wohnwagen wohnten nun Ätze und Igitte.

Die Todesspirale | habe | ich | mit geschlossenen Augen | geturnt.

Er | entdeckte | ein Tintenglas | auf dem Schreibtisch.

Leer | schlabberte | er | das Glas | anschließend.

Name:

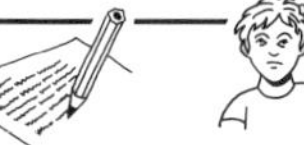

lesen **schreiben** rätseln basteln spielen singen

Nicht nur Ätze ist weg

Finde heraus, wo im folgenden Text Wörter fehlen. Setze sie an den richtigen Stellen ein. Du findest die Wörter links neben dem Text.

verhext

Hilfe

nicht

sie

erschrecken

Zitronensaft

~~Wohnwagen~~

er

Geheimtinte

Wohnwagen

Igitte war Ätze heimlich in den des Zauberers gefolgt.

Sie konnte ihn jedoch entdecken. Allerdings konnte ihn

fühlen (besonders in der fünften Kniekehle).

Auch Ätze sah sich selbst nicht mehr. Zunächst glaubte

er, der Zauberer Makrocosimus Hipponosius habe ihn.

Igitte merkte schnell, dass sich selbst verhext hatte.

„Du hast getrunken“, rief sie. Ätze war völlig verzweifelt.

Das Schlimmste für ihn war die Vorstellung, nun

niemanden mehr zu können.

Sie liefen zu Tonis Wohnwagen,

um sie um zu bitten. Igitte

erklärte Toni, was geschehen

war. Die versprach, Ätze mit

wieder sichtbar zu machen.

Name:

lesen schreiben rätseln basteln spielen singen

Ein Brief in Geheimschrift

Toni hat dem Clown Antonio einen Brief geschrieben.
Antonio hat ganz schön Mühe, ihn zu entziffern.
Daran ist aber ausnahmsweise nicht Ätze schuld:
Toni hat eine Geheimschrift benutzt.

Lbr ntn,

ch fnd nsr Prb gstrn shr schn. Bstmmt klppt d Nmmr bld nch prfktr. Hffntlch mcht ns Hppnss knn Strch drch d Rchnng. Dr Drktr mss ns nfch nhmn. Mn klnr Mnstrfrnd tz trbt Hppnss gwss bld n dn Whnsnn. st Dr schn ml fgflln w dr Zbrr b snn ftrttn zttrt? Kmm nchhr zr gwhntn Stll hntr dm Zlt. Bs dnn.

Lb Grß!

Dn Tn

Wie funktioniert die Geheimschrift?
Welche Buchstaben oder Buchstabenkombinationen können fehlen?

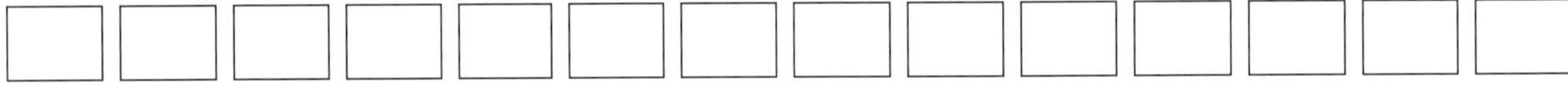

Schreibe den vollständigen Brief in dein Heft.

Name:

lesen schreiben **rätseln** basteln spielen singen

Ätze ist unsichtbar

Bringe die Textstreifen in die richtige Reihenfolge.

◯	R	Toni wird von einem Klecks Marmelade getroffen.
◯	Ö	Ätze und Igitte laufen zurück zu Tonis Wohnwagen, um sie um Hilfe zu bitten.
◯	A	Deswegen schmeißt Toni die beiden Streithähne raus.
◯	N	Ätze merkt, dass er unsichtbar geworden ist.
1	K	Ätze und Igitte bewerfen sich mit Marmelade und Zuckerstückchen.
◯	E	Der Arzt schickt den Zauberer zur Kur.
◯	E	Auf dem Tisch entdeckt Ätze ein Glas mit Tinte.
◯	P	Der unsichtbare Ätze belauscht ein Gespräch zwischen dem Zauberer und dem Zirkusdirektor.
◯	N	Die Nummer von Toni und Antonio wird am Ende doch ins Programm aufgenommen.
◯	F	Toni macht Ätze mit Zitronensaft wieder sichtbar.
◯	C	Ätze berichtet Toni von dem Plan des Zauberers, ihren Auftritt mit Antonio zu verhindern.
◯	G	Ätze geht in den Wagen des Zauberers.
◯	N	Ätze trinkt das Glas leer.
◯	H	Nach einer Woche Krieg mit Ätze muss der Zauberer zum Arzt.
◯	K	Igitte folgt Ätze in den Wagen des Zauberers und sucht ihn.

In der richtigen Reihenfolge ergeben die Buchstaben ein Lösungswort:

K														
1	2	3	4	5	6	7	8	9	10	11	12	13	14	15

Name:

lesen schreiben rätseln basteln spielen singen

Tintenblau und schneeweiß

Farben kannst du genauer beschreiben, wenn du sie mit einem Nomen zusammensetzt.

Finde die fehlenden Wörter. Lies dazu im Buch auf den Seiten 54 bis 59 nach. Setze die Wörter in die Lücken.

Das Schiff, mit dem der Zirkus nach Amerika fährt, heißt *Morgenröte.* Es ist ziemlich neu, ________ und blitzsauber. Der Steward hat eine ________ Uniform an. Das gefällt Ätze alles gar nicht. Ätze ärgert sich auch über Toni, aber ihre Augen findet er toll: Die sind nämlich nicht grau wie Mäusekacke, sondern ________.

Male die Kleckse mit der jeweils angegebenen Farbe aus. Verbinde die Farben mit den passenden Nomen und bilde zusammengesetzte Farbnamen.

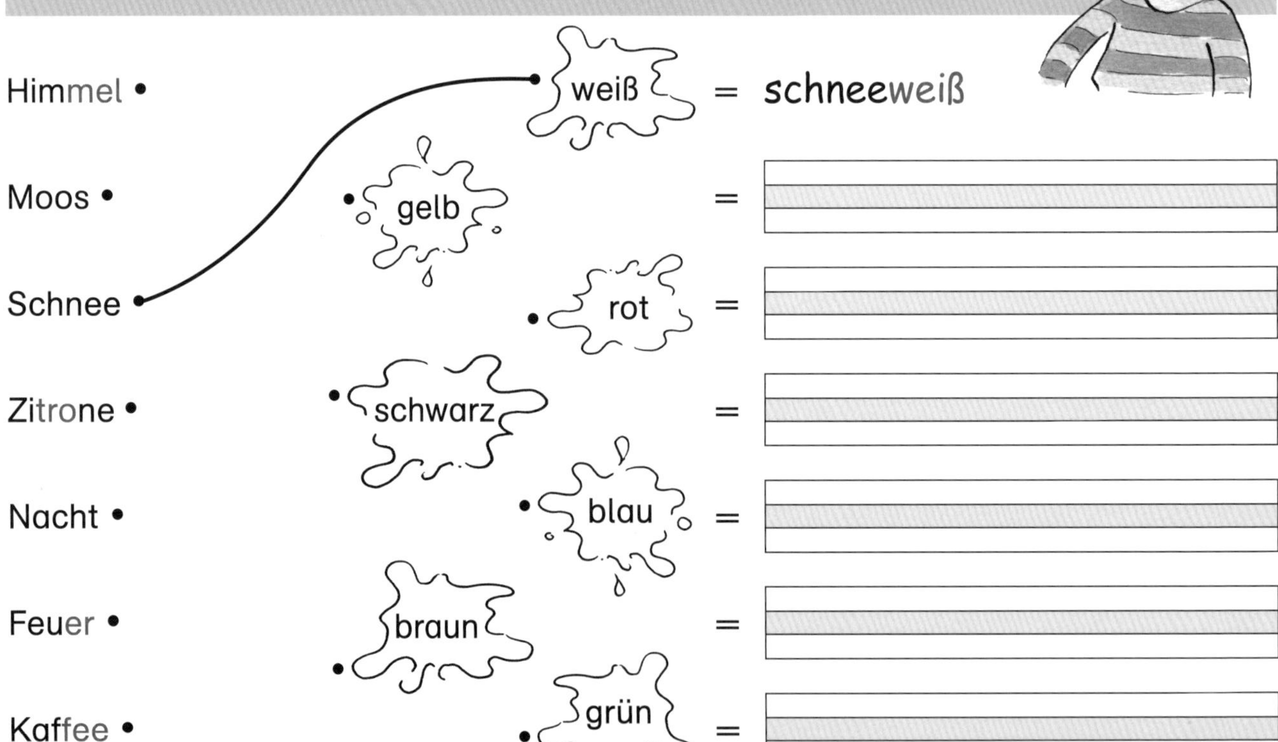

Name:

lesen **schreiben** rätseln basteln spielen singen

Sauschwer oder kinderleicht?

Manche Adjektive kannst du mit einem anderen Wort zusammensetzen, das die Eigenschaft des Adjektivs noch deutlicher macht, z. B. etwas ist weich wie Butter = butterweich.

Unterstreiche in den Sätzen das Adjektiv und das passende Nomen.
Verbinde die beiden Wörter und schreibe das neue Wort auf.

Leute zu erschrecken, findet Ätze so leicht, dass es jedes Kind könnte.

Der Artist balanciert auf dem Seil und hält sich dabei gerade wie eine Kerze.

Seine Muskeln sind hart wie Stein.

Das Seil, auf dem er steht, ist so dick wie ein Finger des dicken Zirkusdirektors.

Dessen Bauch sieht so rund aus, dass er an eine Kugel erinnert.

Der unbesiegbare Max ist stark wie ein Bär.

Der dumme August tut so, als habe er genauso viel Verstand wie ein Haufen Stroh.

Nach seiner missglückten Nummer stürzt der Zauberer bleich wie ein Stück Kreide aus der Manege.

Für Antonio ist es ein Wunder, wie schön Toni ist. Er findet sie …

Name:

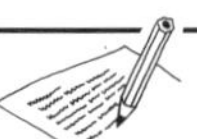

lesen **schreiben** rätseln basteln spielen singen

Ich mag ihn, weil ...

Ätze ist fast nie nett zu mir, aber irgendwie mag ich ihn.

Verbinde die richtigen Satzteile miteinander.
Schreibe die Sätze in dein Heft.

Ätze schickt mir eine Postkarte, •	• weil ich ihm gesagt habe, dass die Zuschauer nicht wegen ihm klatschen.
Er macht Witze über mein Alter, •	• doch er empfängt mich sehr unhöflich.
Er ist beleidigt, •	• aber dann will er nichts davon wissen, mir geschrieben zu haben.
Ich mache extra eine weite Reise, •	• weil ich ihn nicht sehen kann.
Ich rufe nach ihm •	• obwohl er fast nie nett zu mir ist.
Ich mag ihn irgendwie, •	• aber er wird sich wohl nie ändern.
Ich mache mir Sorgen, •	• und er tritt mich einfach.
Ich versuche es immer wieder, •	• obwohl ich noch gar nicht so alt bin.

Markiere in jedem Satz das Bindewort (und, aber, weil, doch, obwohl).
Überprüfe für jeden Satz, ob du ein anderes Bindewort einsetzen kannst, ohne dadurch den Sinn des Satzes zu verändern.

Zwei feindselige Freunde

Ätze und Igitte streiten pausenlos miteinander. Trotzdem mag Igitte Ätze irgendwie und auch Ätze denkt oft an Igitte, wenn sie nicht da ist. Sind die beiden nun befreundet oder verfeindet? Das wissen sie wohl selbst nicht so genau …

Schreibe möglichst viele Wörter aus der Wortfamilie „Freund" auf.

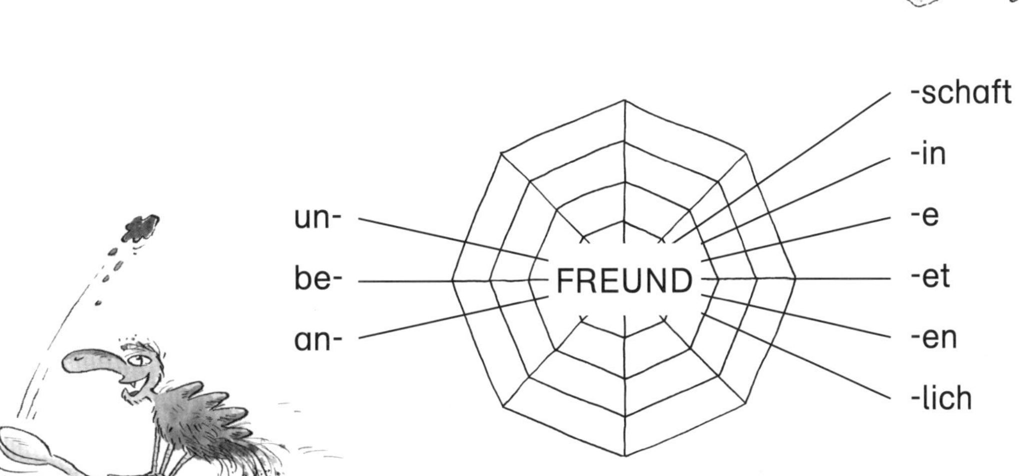

unfreundlich,

Wie viele Wörter aus der Wortfamilie „Feind" kennst du? Schreibe auf.

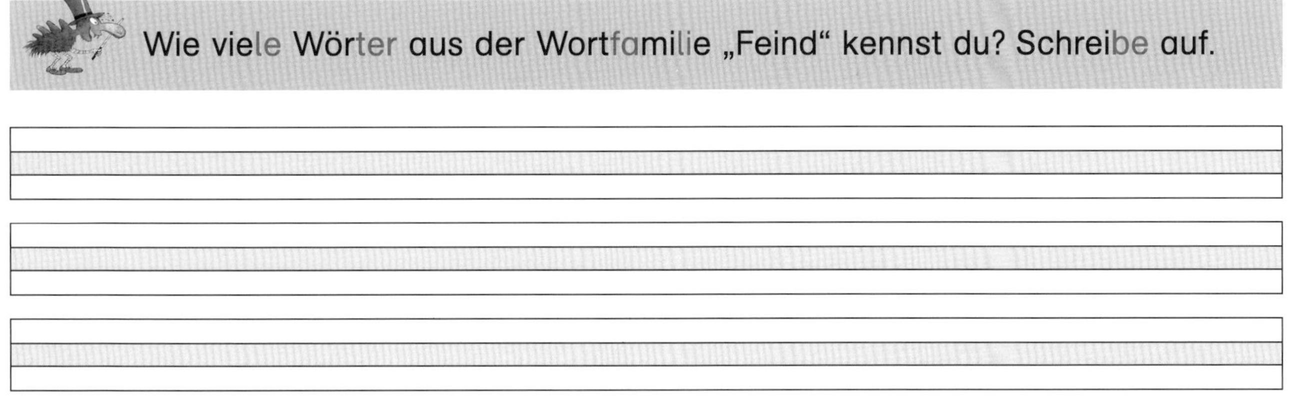

Name:

lesen **schreiben** rätseln basteln spielen singen

Ganz im Gegenteil

Mit der Vorsilbe „un-“ bedeuten viele Adjektive das Gegenteil. Igitte kann so ganz einfach beschreiben, dass Ätze anders ist als sie.

Bilde das Gegensatzwort. Verwende die Vorsilbe „un- “.
Aber Vorsicht: Es geht nicht immer. Mache dann einen Strich.

Igitte ist …	Ätze ist …
angenehm	unangenehm
nett	–
ordentlich	
zuverlässig	
pünktlich	
schick	
höflich	
geduldig	
einfühlsam	
bescheiden	
freundlich	
beliebt	
dünn	

Name:

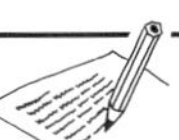

lesen schreiben rätseln basteln spielen singen

Mir stinkt's!

Ätze hat es nicht gerne sauber.
„Ich werde schnellstens verduften", schimpfte er.
Und außerdem stank ihm nicht nur das Schiff.

Was hätte Ätze auch sagen können? Kreuze an.

- [ ] „Ich werde schnellstens einen Duft verbreiten", schimpfte er. Und außerdem duftete nicht nur das Schiff.
- [ ] „Ich werde schnellstens einmal durchlüften", schimpfte er. Und außerdem erstaunte ihn nicht nur das Schiff.
- [ ] „Ich werde schnellstens abhauen", schimpfte er. Und außerdem störte ihn nicht nur das Schiff.

Was bedeuten diese Redewendungen? Ordne zu.

Das konnte ich doch nicht riechen.	Du solltest schnell verschwinden!
Da hast du aber einen guten Riecher gehabt!	Er hat immer das richtige Gespür.
Das stinkt mir ganz gewaltig!	Das konnte ich doch nicht wissen.
Er hat eine sehr feine Nase.	Ätze kann den Zauberer einfach nicht leiden.
Du solltest schnellstens verduften!	Das hast du im Vorhinein genau richtig eingeschätzt!
Ätze kann den Zauberer einfach nicht riechen.	Das gefällt mir nicht! / Das passt mir nicht!

Name:

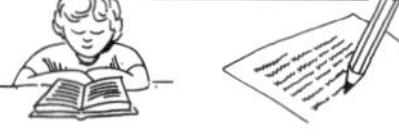

lesen **schreiben** rätseln basteln spielen singen

Der Zirkus bricht die Zelte ab

Lies die Sätze und ergänze die fehlenden Wörter.
Unten findest du die fehlenden Wörter verpurzelt.

Der Zirkus erhält ein Angebot für eine Tournee nach ____________.

Igitte möchte nicht mitfahren, weil sie leicht ____________ wird.

Ätze streckt ihr zum Abschied die ____________ heraus.

In Windeseile bauen die Zirkusleute die ____________ ab.

Der Zirkus macht sich auf den Weg zum ____________.

Viele Kinder stehen am Straßenrand und ____________.

Im Hafen wartet ein sehr sauberes ____________ auf den Zirkus.

Das gefällt Ätze gar nicht. Er beschließt schnellstens zu ____________.

Er entdeckt eine ____________ und läuft ihr hinterher.

Hoffentlich führt sie ihn zu einem kotzgammeligen ____________!

a R e tt

k w i n e n

i ff Sch

e r f u v d e n t

e g u Z n

e Z t l e

n P tz ch l ä e

r n k ee s a k

k m e i r A a

n f H a e

Name:

 lesen
 **schreiben**
 **rätseln**
 basteln
 spielen
singen

In der Manege

Gar nicht so einfach, die Bälle richtig aufzufangen!

Setze die Silbenbälle zu Wörtern zusammen.
Tipp: Die Wörter bezeichnen Personen, die du im Zirkus sehen kannst.

Ak – ro – ba – tin

Name:

lesen schreiben rätseln basteln spielen singen

Der Zirkus ist da

Eine Wiese zum Campieren
Zelt mit Lastern transportieren,
beim Aufbau nicht Geduld verlieren.
  Die ganze Stadt wird plakatiert,
  allen Leuten, Groß und Klein,
  Unterhaltung garantiert.

Viele Nummern einstudieren,
zweimal täglich hart trainieren,
dann kann man sich präsentieren.
  Mit viel Sorgfalt kostümiert,
  allen Leuten, Groß und Klein,
  gute Plätze reserviert.

Direktor darf jetzt einstolzieren,
das Zirkusliedchen dirigieren,
Kapelle muss laut musizieren.
  Artisten sind im Kreis marschiert,
  alle Leute, Groß und Klein,
  haben kräftig applaudiert.

Wilde Tiere brav dressieren,
auf dem Hochseil balancieren,
Clown muss dumm sein, nix kapieren.
  Starker Max halb nackt posiert
  vor allen Leuten, Groß und Klein.
  Schön, wenn man sich amüsiert!

In der Pause – Geld kassieren
für das Streicheln von den Tieren.
Bei den Löwen nichts riskieren!
  Eis und Popcorn schnabuliert.
  Alle Leute, Groß und Klein,
  zurück ins Zelt – gut temperiert!

Verboten ist Fotografieren
beim „Mit-sechs-Goldhamstern-jonglieren",
Enzo muss sich konzentrieren!
  Zum Glück – er hat sich nicht blamiert!
  Allen Leuten, Groß und Klein,
  hat die Nummer imponiert.

Wer will dem Magier assistieren?
Hilf ihm, die Jungfrau zu halbieren,
ihr rechtes Bein zu amputieren.
  Ob die Nummer funktioniert,
  fragen alle, Groß und Klein.
  Hokuspokus – nix passiert!

Zu Hause alles selbst probieren,
Messerwerfer imitieren,
Mamas Schminkstift ramponieren,
  Opas Nerven strapaziert
  und dem Papa vor dem Schlafen
  eine Zugabe spendiert!

Name:

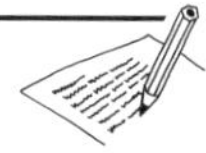

lesen **schreiben** rätseln basteln spielen singen

Ätzender Ätze ärgert ältere ägyptische Äffin

Bilde aus den Wörtern in den Zelten jeweils einen Satz.

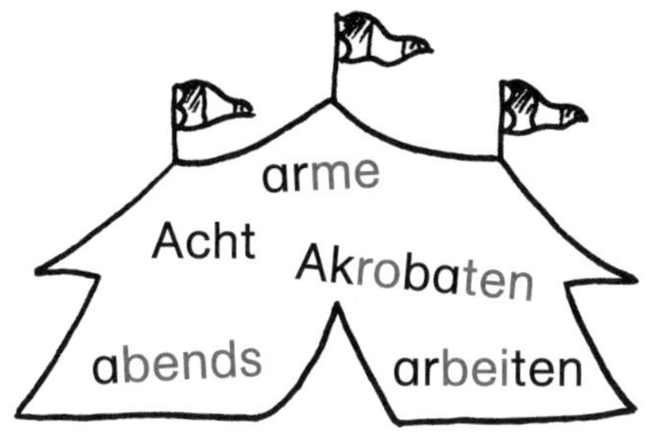

Acht arme Akrobaten arbeiten abends.

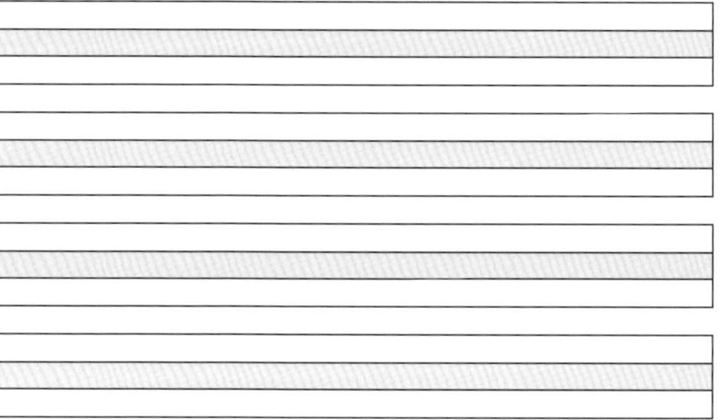

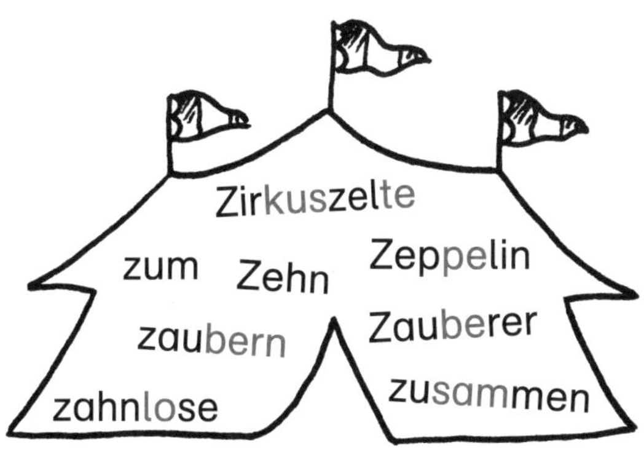

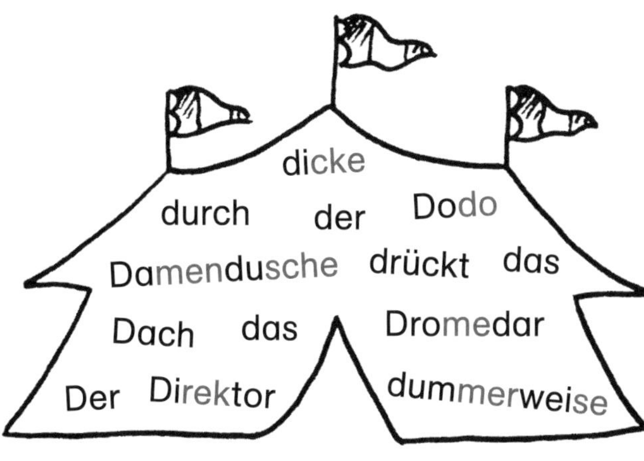

Suche selbst solche sinnlosen Sätze.
Ein Wörterbuch kann dir dabei helfen.

Artige Artisten ... Elf Esel ... Sieben sabbernde Seehunde ...

Mehrere Messerwerfer ... Coole Clowns ...

Wenn widerliche Würgeschlangen ...

Name:

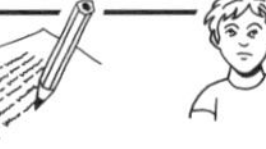

lesen schreiben rätseln basteln spielen singen

Was ist das denn für ein Zirkus?

Der Teil eines Satzes, der aussagt, was geschieht oder was jemand tut, heißt Satzaussage.

Unterstreiche in den Sätzen die Satzaussage.
Was fällt dir auf?

Der Zauberer knabbert seine Schuhe vor dem Auftritt.

Der Esel ärgert am Zelteingang seine Belohnungsmöhre.

Der Zirkusdirektor poliert höchstpersönlich das Orchester.

Die Messerwerferin hält ihre Messer mit verbundenen Augen.

Der starke Max dirigiert ein Pony von 200 kg minutenlang in der Luft.

Der Clown Antonio schleudert einen Freiwilligen aus dem Publikum.

Ordne die Satzaussagen den passenden Sätzen zu.
Schreibe die Sätze richtig auf.

Name:

lesen schreiben **rätseln** basteln spielen singen

Ätze ist einmalig

Finde den Original-Ätze. Kreise ihn ein.

Findest du unter Ätzes Doppelgängern auch das Zwillingspärchen? Verbinde.

Name:

lesen schreiben **rätseln** **malen** spielen singen

Der geheimnisvolle 17. Clown

Male Hut, Nase, Mund und Gesicht des Clowns mit den Farben Rot und Blau so aus, dass der Clown immer anders aussieht. Findest du alle Möglichkeiten?

Male für einen der Clowns einen Zwilling. Wer von deinen Freunden findet ihn?

Ätzes Satzweltmeisterschaft (1)

✂

Ätze	Igitte	Hipponosius
Antonio	der Esel	den Esel
der Direktor	den Direktor	erschreckt
füttert	beleidigt	hilft
verfolgt	verzaubert	dressiert
das Publikum	um Mitternacht	während der Vorstellung
in der Pause	mehrmals hintereinander	immer

Ätzes Satzweltmeisterschaft (2)

✂

den ganzen Tag	während des Frühstücks	zwei Stunden
minutenlang	in der Manege	im Tigerkäfig
auf der Festwiese	vor dem Spiegel	wegen seines Aussehens
trotz einer schweren Erkältung	ohne besonderen Grund	schlecht gelaunt
mit dem größten Vergnügen	misstrauisch	sorgfältig
mit einem Löffel	mit einer Tüte Popcorn	ohne Zögern